Carola Wegerle
Besser konzentrieren

Carola Wegerle

Besser konzentrieren

Der Workshop für ein besseres Gedächtnis

Konzentration in allen Lebenslagen

Plus DVD mit allen wichtigen Übungen

2. Auflage

Bibliografische Information der Deutschen Nationalbibliothek
Die Deutsche Nationalbibliothek verzeichnet diese Publikation in der Deutschen National-
bibliografie; detaillierte bibliografische Daten sind im Internet über http://dnb.ddb.de abrufbar.

ISBN 978-3-86910-479-9 (Print)
ISBN 978-3-86910-597-0 (PDF)

Die Autorin: Carola Wegerle ist Autorin, Schauspielerin, Kommunikations-, Kinesiologie- und
Yogatrainerin. Ihre Lehrmethode zur Förderung der Konzentration hat sich auch deshalb bewährt,
weil sie sich problemlos im Alltag umsetzen lässt.

2. Auflage

© 2013 humboldt
Eine Marke der Schlüterschen Verlagsgesellschaft mbH & Co. KG,
Hans-Böckler-Allee 7, 30173 Hannover
www.schluetersche.de
www.humboldt.de

Lektorat: Nathalie Röseler, Dateiwerk GmbH, Pliening
Innengestaltung: akuSatz Andrea Kunkel, Stuttgart
Film: Carola Wegerle, München (Produktion, Konzept und Gestaltung)
                     Tim Schönemann, München (Musik)
Fotos: Dominik Parzinger, München
Titelfoto: Olga Lyubkina/Shutterstock
Satz: PER Medien+Marketing GmbH, Braunschweig
Druck: Grafisches Centrum Cuno GmbH & Co. KG, Calbe

Hergestellt in Deutschland.

Inhalt

Vorwort

Geht es Ihnen manchmal auch so: Es liegt Ihnen auf der Zunge, doch das Wort fällt Ihnen beim besten Willen nicht ein. Ein Name, den Sie genau kennen, eine Bezeichnung, die Ihnen geläufig ist, eine bekannte Redewendung scheinen in Ihrem Wortschatz nicht mehr vorhanden zu sein. Später, beim Duschen oder Autofahren, ist der Begriff dann wieder da, so selbstverständlich, als wäre er nie „weg" gewesen.

Sie haben eine Prüfung, und in Ihrem Kopf ist plötzlich nur noch ein schwarzes Loch. Blackout. Kommt Ihnen diese Situation bekannt vor?

Sie hören einer Freundin zu, die Ihnen etwas erzählt, das Sie durchaus interessiert, bemerken aber plötzlich, dass Sie schon längere Zeit gedanklich abgeschweift sind. Wenn Sie jetzt nachfragen, wird es peinlich.

Sie möchten eine Aufgabe erfüllen, aber Ihr Kopf fühlt sich an, als wäre er voll Watte. Ihnen wird schwindlig, wenn Sie versuchen, sich auf bestimmte Gedanken zu konzentrieren.

Oder Sie lesen eine Seite zum dritten Mal, ohne ihren Inhalt begriffen zu haben.

6 23 73 72 – nein, so eine leichte Telefonnummer brauchen Sie sich doch nicht zu notieren! Hätten Sie es doch getan, 15 Minuten später ist Ihre Erinnerung an die Zahlen grauem Nebel gewichen.

Das Meeting zieht sich hin. Irgendwann haben Sie einfach vergessen zuzuhören. Aber leider haben Sie jetzt den Anschluss verpasst, um Ihr

Anliegen formulieren oder Ihre Meinung äußern zu können. Sie sind zur Randfigur geworden.

Auf der Autobahn rätseln Sie, welche Geschwindigkeitsbegrenzung nun schon wieder vorgeschrieben ist. Nach dem dreißigsten Verkehrsschild konnten Sie sich die Vorgaben einfach nicht mehr merken. Hoffentlich werden Sie nicht geblitzt!

Falls Ihnen die eine oder andere Situation bekannt vorkommt, sind Sie genau der Leser, den ich mit diesem Buch ansprechen möchte. Es soll Sie dabei unterstützen, sich bei allem, was Sie tun, besser zu konzentrieren. Es ist für alle gedacht, die komplexe Inhalte schnell verarbeiten möchten – für Studenten ebenso wie für Angestellte, die ihren Alltag vor dem Computer verbringen, für Geschäftsleute, die auf wechselnde Situationen blitzschnell reagieren und Entscheidungen treffen müssen, für Therapeuten, die aufmerksam zuhören möchten, und für alle, die viele verschiedene Aufgaben miteinander verbinden müssen. Dazu gehören auch teilzeitbeschäftigte Frauen, die in ihrer „Freizeit" den Haushalt organisieren und Kinder erziehen, Berufstätige, die nebenher eine Fortbildung besuchen, und Kreative, die ihre Produkte auch verkaufen möchten.

Bei den vielfältigen Aufgaben, die der Alltag heute an uns stellt, ist es oft nicht leicht, den Überblick zu bewahren und ständig aufs Neue zu entscheiden, was wirklich wichtig ist und was auch einmal liegen bleiben kann.

Die Fähigkeit, sich zu konzentrieren, ist ein wesentlicher Faktor für Erfolg und Erfüllung in Ihrem Leben. Dieses Buch möchte Ihnen dabei helfen, Ihre Gedanken klarer zu fokussieren und Informationen schnell und mühelos zu verarbeiten. Sie lernen, Inhalte assoziativ zu verknüpfen, wodurch Sie die neuen Informationen besser behalten. Sie schaffen einen persönlichen Bezug zu ihnen und können sie genau dann, wenn Sie sie brauchen, leicht abrufen.

Konzentration ist das Resultat vieler verschiedener Vorgänge in Ihrem Gehirn, die Sie trainieren können. Dieser Workshop ist für alle gedacht, die ihre mentalen Fähigkeiten gern verbessern möchten und bereit sind, neue Techniken auszuprobieren. „Falsch" machen können Sie hierbei nichts, denn die Übungen sind selbst in der „Überdosis" vollkommen unschädlich, auch wenn Sie die Anweisungen einmal nicht so genau befolgen sollten. Sie sind das Ergebnis meiner Arbeit als Kommunikationstrainerin und Kinesiologin sowie meiner Erfahrung als Schauspielerin.

Einleitung

Ihr Gehirn arbeitet nur dann gut, wenn auch Ihre Körperfunktionen in Ordnung sind – und umgekehrt. Es ist eine Wechselwirkung. Wenn Sie Hunger haben, müde oder verspannt sind, fällt auch das Denken schwer. *Mens sana in corpore sano* – ein gesunder Geist kann sich nur in einem gesunden Körper entwickeln und seine Aufgaben erfüllen. Der Weg, Ihr Gehirn zu optimaler Leistung anzuregen, erfolgt daher über den Körper und die bewusste Wahrnehmung Ihrer Sinneseindrücke, auf die das Gehirn immer als Erstes reagiert. Der Workshop „Besser konzentrieren" begleitet Sie auf diesem Weg. Dieser Ratgeber ist ein Arbeitsbuch, das die Aufgabe eines Trainingsleiters für Sie übernimmt. Bitte legen Sie das Buch bei jeder Übung kurz entschlossen weg und setzen Sie das Gelesene gleich praktisch um – sehr konzentriert! Machen Sie die Übungen immer mit Freude. Wenn Sie sie nur mechanisch ausführen, gewinnen Sie wenig. Sehen Sie sie auch dann als Spiel, wenn Sie unmittelbar vor einer Prüfung stehen. Gerade dann! Ihr Gehirn spielt nämlich gern. Es macht nichts lieber als das. Dabei gelingt es ihm am besten, auch den trockensten Inhalt mit persönlichen Erfahrungen zu verbinden – der einzige Weg, Informationen zu verarbeiten und zu behalten. Informationen ohne persönlichen Bezug vergisst es sehr schnell wieder.

Das Gehirn besteht aus vielen verschiedenen Bereichen, die untereinander ständig in Verbindung stehen müssen, damit eine optimale Leistung zustande kommt. Stress und Anspannung vermindern die Fähigkeit Ihrer Neuronen, der Nervenzellen im Gehirn, untereinander zu kommunizieren, in Sekundenbruchteilen Informationen an mehrere zuständige „Abteilungen" weiterzugeben und neue, sinnvolle Verbindungen zu schaffen – die Synapsen. Diese ersetzen gedankliche Umwege durch schnelle Direktverbindungen – genau das, was Sie bei fokussiertem Denken brauchen. Interessant dabei ist unter anderem die Verschiedenartigkeit der Funktionen in Ihren beiden Gehirnhälften: die linke enthält alle Informationen, an die Sie sich bewusst erinnern und die Sie in Worte fassen können; sie arbeitet rational, linear und analytisch. Die rechte dagegen „denkt" in Bildern, ist emotional, kreativ und bisweilen chaotisch, denn sie prüft oft mehrere Möglichkeiten gleichzeitig und verwirft die meisten wieder. Hier werden auch die motorischen Fertigkeiten gespeichert – das *Wie*.

Sie brauchen beide Seiten, um effektiv zu lernen. Bei einem gesunden, entspannten Menschen stehen die zwei Gehirnhälften ständig miteinander in Verbindung und ergänzen sich gegenseitig.

Stellen Sie sich Ihre beiden Gehirnhälften doch einmal als Häuser vor, in denen zwei Familien leben. Ursprünglich war es einmal *ein* großes Haus (das entspricht dem Gehirn des Neugeborenen), das über einer Schlucht erbaut war. Eine Brücke verband die beiden Teile. Doch ein Blitz spaltete sie, und sie stürzte ein. Die Bewohner der beiden Haushälften konnten sich nicht mehr gegenseitig besuchen. Von da an lebte jede Familie ihr eigenes Leben. Die Häuser veränderten sich: Links ersetzten allmählich Beton und Glas die Ziegel, und die Bewohner dachten vernünftig, zielgerichtet und logisch. Musische Fähigkeiten verkümmerten bei ihnen ebenso wie Neugierde und Risikobereitschaft. Die Großfamilie griff auf Erfahrenes und Bewährtes zurück, wertete es optimal aus und erbrachte auf diese Weise gute Leistungen. Soziale Beziehungen waren strukturiert, genormt und funktional. Das rechte Haus dagegen verfiel nach und nach, war jedoch wunderschön bemalt. Aus jeder Ecke drangen Musik, Lachen und lebhafte Gespräche. Die Bewohner sahen aus wie Hippies, spielten und bastelten gern, sangen, tanzten und hatten viel Körperkontakt miteinander. Sie ließen ihren Emotionen freien Lauf und erfanden ständig Neues, das aber nicht immer sinnvoll war. Sie ernteten wohlschmeckende

Äpfel, wenngleich nicht sehr viele. Doch fanden Sie immer genug zu essen, weil sie neugierig und einfallsreich waren und gern Neues ausprobierten. Und meistens schmeckte es sogar.

Beide Familien lebten ihr Modell und vermissten dabei kaum etwas. Ihre alltägliche Routine konnten Sie auch ohne Brücke zwischen ihren Gehirnhälften bewältigen. Doch eines Tages ereignet sich eine Naturkatastrophe. Diese Ausnahmesituation lässt sich mit einer Prüfungssituation vergleichen, die eine starke Belastung für Ihr Gehirn darstellt. Starke Regenfälle haben den kleinen Fluss in der Schlucht, die die beiden Häuser trennt, zum Anschwellen gebracht. Hochwasser dringt in beide Häuser. Was passiert nun?

Auf der rechten Seite, bei der etwas chaotischen Familie, sind alle sofort hellwach. Sie greifen nach Eimern und Spaten, graben, schaufeln, stellen Wannen unter die undichten Stellen im Dach, laufen schreiend und fluchend durcheinander und beginnen, an jeder Ecke gleichzeitig gegen das Wasser zu kämpfen. Sie schlagen ein Loch in die Wand, damit das Wasser abfließen kann – nicht ohne Erfolg. Manche dämmen Mauern mit Matratzen, andere retten ihre Habseligkeiten. Doch einige Wände stürzen ein, weil das Haus nie renoviert worden ist. Viele Bewohner verletzen sich. Sie schreien, sie weinen, sie behindern sich gegenseitig. Das Wasser fließt zwar ab, doch herrscht im Haus das pure Chaos.

Auf der linken Seite ist das Dach dicht. Die Mauern halten gut. Aber der Keller steht unter Wasser: Es steigt unaufhörlich. Alle Bewohner kleben vor ihren Computern und klicken sich durch sämtliche Notfallprogramme, manche laufen zu den Regalen mit den Aktenordnern, schleppen sie zu den Schreibtischen und vergleichen den Inhalt mit den Computerprogrammen. Doch „Hochwasser" und „Überschwemmung" finden sie nicht. Die Wörter sind einfach noch nie abgelegt worden, weil man sie noch nie anwenden musste. Die Familie arbeitet hektisch mit vergleichbaren Begriffen wie „Wasser", „Regen" oder „Sturm". Aber sie finden keine Lösung. Unbarmherzig steigt der Wasserspiegel weiter und erreicht jetzt im Keller den Hauptschalter für den Strom. Ein Computer nach dem anderen fällt aus, das Licht erlischt, die Maschinen bleiben stehen. Die Bewohner des Hauses sind wie gelähmt – unfähig, eine Entscheidung zu treffen.

So ähnlich sieht es in Ihrem Gehirn bei Stress und Anspannung aus.

Endlich kommen die beiden Familien auf die Idee, wieder eine Brücke zu errichten, die die beiden Häuser verbindet, und gemeinsam an einer Lösung zu arbeiten. Dabei kommen den Kreativen auf der rechten Seite die Erfahrungswerte und verlässlichen Fakten der linken Seite zugute – ihre innovativen Lösungen können realisiert werden. Und die linken Logiker erhalten durch die Bewohner des rechten Hauses wieder Zugang zu ihren Gefühlen, ohne die das Gehirn neue Erfahrungen nicht so abspeichern kann, dass sie abrufbar sind. Die innovativen Lösungen der Kreativen können in die Realität umgesetzt werden.

Alle Übungen in diesem Buch zielen darauf ab, sinnvolle Brücken zwischen Ihrer linken und rechten Gehirnhälfte und anderen Bereichen Ihres Gehirns zu bauen. Stehen diese in regem Austausch miteinander, können sie sich in ihren unterschiedlichen Fähigkeiten ergänzen.

Funktioniert ihr Zusammenspiel, machen Denken und Lernen plötzlich wieder Spaß und es fällt Ihnen leicht, sich zu konzentrieren.

Manche der Übungen aus diesem Buch stammen aus dem Yoga, andere aus der Kinesiologie oder entspringen der Erfahrung von

Schauspielern. Probieren Sie sie einfach aus. Sie lassen sich alle untereinander kombinieren.

Die Ungeduldigen unter Ihnen finden im Anschluss ein SOS-Programm mit Übungen, die Soforthilfe bieten. Damit kommen Sie
über die Runden, wenn Ihnen zeitnah eine Prüfung oder eine andere
wichtige Aufgabe bevorsteht. Sie können sich ja dann später mit dem
Thema Konzentration im ganzheitlichen Kontext befassen. Außerdem
sind viele dieser kurzen Übungen geeignet, um sie am Arbeitsplatz
einzusetzen. Sie schenken Ihnen Gelassenheit und einen klaren, kühlen Kopf, fördern Ihr Selbstbewusstsein und steigern Ihre Konzentrationsfähigkeit.

Das SOS-Programm für Ungeduldige

Sie stecken mitten in Prüfungsvorbereitungen? Sie müssen unter Zeitdruck eine Präsentation vorbereiten? Oder sich mit vielen neuen Informationen befassen, von denen eine wichtige Entscheidung abhängt? Dann haben Sie sicher keine Zeit und Lust, sich jetzt mit Ihren Gehirnfunktionen auseinanderzusetzen und lange Einführungen zu lesen. Sie möchten möglichst sofort wieder einen klaren Kopf und ein aufnahmefähiges Gehirn bekommen. In diesem Fall ist das SOS-Programm genau das Richtige für Sie.

Die kurzen Übungen und Anregungen sind für alle gedacht, die Soforthilfe brauchen. Wenn Sie Ihre derzeitige Lern- und Arbeitssituation im Moment nicht ändern können, Sie sich gestresst fühlen und Ihr Kopf raucht, beginnen Sie einfach mit den folgenden Übungen. Probieren Sie ein paar davon aus. Finden Sie heraus, welche bei Ihnen am schnellsten wirkt. Die Reihenfolge spielt dabei keine Rolle. Probieren Sie einfach aus, was Ihnen guttut.

Nicht jede Technik ist bei jedem Leser gleich wirksam, da Ihr Konzentrationsmangel die verschiedensten Ursachen haben kann. Spüren Sie nach jeder Übung, die Sie ausführen, ein wenig nach. Hören Sie dabei auch auf Ihren Körper. Er signalisiert Ihnen mit Sicherheit, wovon er gern mehr hätte und was ihm nicht so gut gefällt. Vertrauen Sie Ihrem Körper, er ist Ihr Verbündeter und steht Ihnen bei der Auswahl und Dauer der Übungen als zuverlässiger Ratgeber zur Seite.

Nebel im Kopf?

Geht gerade gar nichts mehr? Haben Ihre grauen Zellen einen Aufnahmestopp verhängt? Dann lehnen Sie sich entspannt zurück, schließen Sie die Augen und denken Sie – nichts. Absolut nichts. Mindestens eine Minute lang. Das ist eine echte Herausforderung! Wir sind das nämlich nicht gewöhnt. Oft genügt Ihrem Gehirn solch eine kurze Verschnaufpause, um wieder aufnahmefähig zu werden. Japaner wissen das und gönnen sich diese kurzen Auszeiten auch im Büro.

Ruhig atmen

Durch richtiges Atmen wird der Kopf schnell wieder klar. Atmen Sie tief in Ihren unteren Bauch und in Ihren Rücken. Angespanntes Sitzen und Lernen führt leicht zu minimalistischer Flachatmung, die Ihrem Gehirn nicht genügend Sauerstoff liefern kann. Und den benötigt es dringend zum Denken.

Lassen Sie den Atem sanft fließen. Konzentrieren Sie sich dabei auf die Region unterhalb Ihres Nabels – vorne im Bauch und hinten im Rücken. Drei bis fünf Minuten genügen oft schon, um Ihre Nervenzellen mit neuer Energie aufzuladen.

Ein wenig Distanz

Schließen Sie kurz die Augen. Treten Sie innerlich einen Schritt zurück. Beobachten Sie sich selbst, wie Sie dasitzen. Was ist jetzt wirklich wichtig? Lassen Sie die Antwort langsam entstehen. Achten Sie auf Bilder, die vor Ihrem inneren Auge auftauchen, auf Wörter und Stimmen, an die Sie sich erinnern, und auch auf Ihre Gefühle. Dadurch trainieren Sie Ihre gesamte Wahrnehmung, für sich selbst und für Ihre Umwelt. Innere Distanz hilft Ihnen, sich auf das Wesentliche zu konzentrieren. Und schenkt Ihnen oft überraschende Lösungen, die Sie erkennen können, wenn Sie Ihre gedankliche Ebene kurz verlassen und sich und Ihre Aufgaben aus einem anderen Blickwinkel betrachten. Diese Übung ist auch sehr wirkungsvoll, wenn Sie sich vorstellen, dass Sie in Kirchturmhöhe über Ihrem Arbeitsplatz schweben.

Wasserfall

Stehen Sie auf und schließen Sie die Augen. Stellen Sie sich vor, Sie stehen unter einem kühlen, prickelnden Wasserfall. Der klare Strahl dringt oben in Ihren Scheitel und durchströmt den gesamten Körper. Anspannung und überflüssige Gedanken schwemmt er einfach aus Ihrem Körper hinaus. Danach fällt es Ihnen leicht, sich auf das Wesentliche zu konzentrieren.

Körper-Check

Ihr Gehirn kann nicht funktionieren, wenn die körperlichen Funktionen beeinträchtigt sind. Richten Sie Ihre Aufmerksamkeit zur Abwechslung einmal auf Ihren Körper. Wie geht es ihm? Braucht er etwas? Dann geben Sie es ihm. Das ist keine Zeitverschwendung. Wenn Sie kein Papier mehr haben, müssen Sie auch aufstehen und neues holen. Haben Sie diesen Zeitverlust jemals bedauert? Nein! Sie haben ihn mit Sicherheit kurz darauf vergessen und einfach weitergearbeitet.

Hören Sie auf Ihren Körper. Haben Sie Hunger? Dann essen Sie etwas. Trinken ist noch viel wichtiger. Denn beim Lernen, Zuhören und Denken brauchen Körper und Gehirn viel Flüssigkeit. Trinken Sie zwischendurch immer wieder ein Glas Wasser. Sind Ihre Füße kalt? Dann bewegen Sie sie, reiben Sie sie, ziehen Sie sich wärmere Socken an. Oder stellen Sie die Füße auf zwei Wärmflaschen, wenn Sie zu Hause arbeiten. Das Denken wird Ihnen sofort leichter fallen. Sind Ihre Beine eingeschlafen? Dann ist es Zeit für ein wenig Bewegung – und wenn Sie nur ein paar Treppen hinauf- und wieder hinunterlaufen.

Nacken lockern

Schmerzen einzelne Körperteile? Dann lockern Sie sie. Lassen Sie zunächst den Nacken sanft nach hinten rollen. Öffnen Sie den Mund dabei. Lassen Sie Arme seitlich an Ihrem Körper entspannt herabhängen. Atmen Sie in Ihrer Vorstellung direkt in die schmerzenden Partien hinein. Sie können die Wirkung intensivieren, wenn Sie die

Lassen Sie den Nacken sanft nach hinten rollen. Ihr Rücken bleibt dabei gerade.

Arme über den Kopf heben, die Hände falten und dann umdrehen. Die Arme ziehen Ihren Oberkörper dann mit ihrem Gewicht nach hinten. Atmen Sie dabei ruhig und gleichmäßig. Jedem Vorbeugen Ihres Körpers sollte eine Ausgleichsbewegung nach hinten folgen. Und wie lange saßen Sie schon vorgebeugt am Schreibtisch? Starten Sie eine Gegenaktion! Oft lässt sich Konzentrationsmangel allein mit dieser kleinen Rückbeuge beheben.

Wir sind nicht jeden Tag gleich

Schließen Sie erneut die Augen. Machen Sie sich bewusst, dass Sie nicht jeden Tag gleich sind, auch wenn Sie ausreichend geschlafen haben und gesund sind. An manchen Tagen sind Sie aufnahmefähiger als an anderen, wacher, aktiver. Das ist ganz natürlich. Wir alle sind Biorhythmen unterworfen, die durchaus ihren Sinn haben. Wenn Sie sich müde fühlen, arbeiten Ihr Körper und auch Ihr Gehirn vielleicht an anderen Projekten, die für Sie und Ihre Gesundheit wichtig sind. An diesen „müderen" Tagen sollten Sie sich nicht überfordern. Akzeptieren Sie diesen Zustand als etwas Natürliches. Dafür geht es am nächsten Tag wahrscheinlich wieder viel besser. Vorausgesetzt, Sie verlangen sich heute nicht zu viel ab.

Treppensteigen fürs Gehirn

Längeres Sitzen am Schreibtisch schwächt Ihren Kreislauf. Wenn der Blutdruck sinkt, breitet sich oft ein Gefühl der Leere im Kopf aus. Bringen Sie dann schnell Ihren Kreislauf wieder in Schwung! Dazu brauchen Sie keinen Sportclub. Steigen Sie zügig ein paar Treppen hinauf und hinunter, bis Sie außer Atem sind. Bei Ihnen gibt es keine Treppen? Dann machen Sie zwanzig Kniebeugen.

Der Kurzspaziergang

Sauerstoff fördert die Durchblutung des Gehirns und natürlich auch des Körpers. Bewegung bringt das H_2O schneller ins Blut. Wenn Sie jetzt zu Hause sind und plötzlich keinen klaren Gedanken mehr fassen können, lassen Sie bitte alles stehen und liegen und machen Sie einen kurzen Spaziergang. Eine Viertelstunde genügt vollkommen.

Konzentrationsförderung darf nämlich auch einfach sein. Kein Sport kann diese gleichmäßige Bewegung an der frischen Luft ersetzen, bei der Sie nicht kompetitiv agieren müssen und denken dürfen, was Sie möchten – am besten gar nichts. Wenn Ihnen das schwerfällt, lassen Sie Ihre Gedanken einfach kommen und gehen, wie sie möchten. Halten Sie sie nicht fest. Es geht jetzt darum, dass Sie Ihr Gehirn „auslüften", es frei für das Wesentliche machen. Es arbeitet in dieser Zeit nämlich weiter. Machen Sie Ihren Spaziergang daher am besten allein. Wenn Sie mit jemandem sprechen, erfüllt Sie das mit neuen Gedanken, mit denen Sie sich beschäftigen müssen. Versuchen Sie stattdessen, einfach nichts zu denken.

Damit geben Sie Ihrem Gehirn die Möglichkeit, alles, was Sie zuvor aufgenommen haben, zu verarbeiten und in die richtige Relation zu bereits bekannten Inhalten zu setzen. Nur dann können Sie sich merken, was Sie gerade gelernt oder erfahren haben. Oft stellt sich gerade beim scheinbaren Nichtsdenken blitzartig die Lösung sein. Einstein soll den zündenden Grundgedanken zu seiner Relativitätstheorie unter der Dusche empfangen haben.

Wenn Sie in einem Büro arbeiten, opfern Sie wenigstens einen Teil Ihrer Mittagspause für ein paar zügige Schritte an der frischen Luft.

Gute Raumluft

Nutzen Sie diese kurze Auszeit, um zu lüften. Dann haben Sie auch an Ihrem Arbeitsplatz genug Sauerstoff, um erfrischt weiterarbeiten zu können. Lüften Sie zudem immer wieder kurz zwischendurch. Verbrauchte Luft regt Ihr Gehirn nicht gerade zu Höchstleistungen an.

Wechselatmung

Setzen Sie sich aufrecht auf einen Stuhl. Halten Sie das rechte Nasenloch zu. Atmen Sie durch das linke ein – sehr langsam. Verschließen Sie dann dieses und atmen Sie durch das rechte wieder aus, ebenso langsam. Atmen Sie auf diese Weise einige Male hintereinander. Wechseln Sie dann die Seiten.

Atmen Sie langsam ein und aus.

Dann wechseln Sie die Seiten nach jedem Ein- und Ausatmen: also rechts aus und links ein, dann links aus und rechts ein; einige Male hintereinander.

Danach atmen Sie noch ein paar Mal durch das Nasenloch ein, bei dem Sie das Gefühl haben, dass Ihnen das Atmen schwerer fällt. Atmen Sie durch das andere aus.

Ein Tipp: Verschließen Sie das Nasenloch eher unten, am besten mit der Daumenkuppe. Wenn Sie seitlich zu sehr an Ihre Nasenflügel drücken, kann sich die Nase verstopft anfühlen, wenn sie wieder loslassen. Das hängt von Ihrer Tagesform ab, und auch davon, ob Sie rauchen, Klimaanlagen ausgesetzt sind oder in trockener Büroluft sitzen.

Diese Wechselatmung stammt aus dem Yoga und erfreut sich seit einigen Jahren besonders bei Managern wachsender Beliebtheit, weil sie den Kopf klar macht. Das können Sie gut auf Flügen beobachten: Hier wird besonders in der Businessclass eifrig wechselseitig geatmet. Sogar Kopfschmerzen lassen sich damit „wegatmen".

Wenn Sie unter Migräne leiden, ist diese Art zu atmen eine sehr effektive Hilfe. Sie sollten sie dann allerdings etwas länger ausführen.

Situli 3

Die folgende Atmung belebt Ihr Gehirn sofort. Stellen Sie sich vor, Sie ziehen an einem Strohhalm. Atmen Sie dabei die frische Luft in Ihrer Vorstellung direkt in den Kopf. Genießen Sie den kalten Luftstrom auf Ihrer Zunge. Dass Ihre Zunge sich dabei rollt wie auf dem Foto rechts, ist nicht so wichtig, die Vorstellung, dass frische Luft Ihr Gehirn belebt, dagegen sehr.

Atmen Sie dann mit geschlossenem Mund langsam und gleichmäßig aus. Das ist sehr wichtig, denn die verbrauchte Luft muss ausgeschieden werden. Das gelingt bei langem Ausatmen besser. Halten Sie diese Übung ein bis zwei Minuten lang durch.

Zu beiden Atemübungen – zu Situli und der Wechselatmung – rege ich in meinen Seminaren an, wenn ich feststelle, dass die Konzentrationsfähigkeit der Teilnehmer gerade nicht auf dem Höchststand ist, zum Beispiel nach dem Mittagessen oder im nachmittäglichen Energieloch. Danach sind alle wieder hellwach.

Erfrischen Sie Ihr Gehirn.

Massage

Wenn Sie Ihren Körper im Moment überhaupt nicht spüren, weil Sie zu sehr „im Kopf" sind, massieren Sie doch einmal liebevoll Ihren Arm, ungefähr eine Minute lang. Vergleichen Sie dann beide Arme, am besten mit geschlossenen Augen. Atmen Sie dabei ruhig und gleichmäßig. Können Sie einen Unterschied feststellen? Vermutlich fühlt sich der massierte Arm angenehmer an, und Sie spüren ihn deutlicher. Durch diesen Trick nehmen Sie plötzlich Ihren ganzen Körper wahr. Das belebt auch Ihr Gehirn und macht Sie aufnahmefähig. Massieren Sie anschließend auch den anderen Arm.

Diese Technik hilft Ihnen besonders bei Lampenfieber, wenn Sie kurz vor einer wichtigen Aufgabe stehen und ein Blackout-Gefühl im Kopf haben. Dann ist zu viel Energie im Gehirn gestaut. Mit dieser einfachen Übung bringen Sie sie wieder in den Fluss – und in den Körper.

Minimalisiert kann diese Art der Selbstmassage auch bei einem Meeting Ihre Konzentration erhöhen: Kneten Sie unauffällig Ihre Handinnenfläche oder einfach nur einen Finger. Es geht dabei nicht um kraftvolles Walken, eher um ein sanftes Erforschen Ihres Körpers. Sie aktivieren damit die Verbindung Ihres Gehirns zum Körper.

Klopfen

Klopfen Sie mit Ihren Fingerspitzen sanft auf Ihren Kopf. Oben, seitlich und hinten am Nacken. Danach ist nicht nur Ihre Kopfhaut, sondern auch Ihr Gehirn wieder gut durchblutet. Die Übung ist noch effektiver, wenn Sie aufstehen und den ganzen Körper mit lockeren, halb geöffneten Fäusten abklopfen. Dabei müssen Sie sich auch nach vorne und hinten und zu den Seiten beugen, und genau das tut Ihnen gut, wenn Sie zu lange am Schreibtisch saßen. Massieren Sie anschließend Ihre Kopfhaut sanft. Das entspannt auch Ihr Gehirn.

Leichtes Klopfen fördert Ihr Konzentrationsvermögen.

Sanftes Massieren regt Ihr Gehirn angenehm an.

Kontra Lampenfieber

Atmen Sie in Ihren unteren Bauch und unteren Rücken, langsam und gleichmäßig. Sagen Sie beim Ausatmen: **sssssssssssss,** solange es Ihnen möglich ist. Das bringt Ruhe in Ihren Atem. Sie gewinnen dadurch unendliche Gelassenheit. Das ist *die* Superübung gegen Lampenfieber. Sie können sie im Sitzen, Liegen, Stehen und Gehen ausführen. Nebenbei trainieren Sie damit auch das Atmen tief hinunter in Ihren Unterbauch – die Partie unterhalb des Nabels.

Ihr Nabel wandert beim langen **s** langsam nach innen. Statt heftig durch die Nase einzuatmen, weiten Sie anschließend einfach nur Ihren Bauch – und schon haben Sie eingeatmet! Probieren Sie es aus. Je länger Sie die Übung machen, desto ruhiger werden Sie.

Aushängen

Nicht nur das Yoga hat die Vorbeuge ins feste Übungsprogramm aufgenommen. Sie fehlt bei keinem Körpertraining. Intensivieren können Sie diese Übung, wenn Sie Ihre Arme hinter den Rücken strecken, die Hände falten und sich dann langsam vorbeugen. Die Arme fühlen sich dabei wie eine Sperre an, was überraschend wohltuend wirkt.

Lassen Sie die Schwerkraft die Arbeit erledigen, bleiben Sie einfach ruhig atmend in dieser Haltung stehen, solange es Ihnen angenehm ist. Ihr Rücken wird dabei sanft nachgeben. Das fühlt sich sehr befreiend an.

Halten Sie die Vorbeuge ein paar Minuten lang aus. Sie stärken damit gleichzeitig auch Ihre Lungen und den Dickdarm. Nach dem Verständnis der traditionellen chinesischen Medizin werden durch diese Haltung die entsprechenden Meridiane angeregt. Probieren Sie die Vorbeuge einfach aus. Auch die Raucher unter Ihnen werden sehr davon profitieren.

Übrigens bewirken alle Haltungen, in denen Sie den Kopf nach unten hängen lassen, dass Ihrem Gehirn Blut und damit Energie zufließt. Deshalb ist der Kopfstand im Yoga eine beliebte Übung. Auch für die Augen kann es entspannend sein. Aber bitte machen Sie keinen Kopfstand, wenn Sie körperlich nicht geschult sind oder Nackenprobleme haben. Das Aushängen eignet sich da besser.

Versorgen Sie Ihr Gehirn mit Blut und Sauerstoff.

Fingerübungen

Bewegen Sie Ihre Finger. Alle zugleich. Die Hände stehen in engem Kontakt mit Ihrem Gehirn. Jede Bewegung Ihrer Finger regt die Hirnaktivität in hohem Maß an. Diese Erkenntnis ließ im Yoga viele *Mudras* entstehen, verschiedene Hand- und Fingerhaltungen, die bestimmte Reaktionen des Körpers und des Gehirns auslösen. Hier ein Beispiel:

Legen Sie die Fingerspitzen Ihrer beiden Hände aneinander. Sie verbinden damit nicht nur die Meridianenergien Ihres Körpers, sondern auch sehr wichtige Regionen in Ihrem Gehirn. Das können Sie hervorragend bei Sitzungen anwenden.

Mit Ihren Fingerspitzen verbinden Sie wichtige Gehirnpartien.

Sie können Ihr Gehirn mit jeder Bewegung der Finger anregen. Probieren Sie doch einmal die beiden folgenden Vorschläge aus:

- Spreizen Sie Ihre Finger und ballen Sie sie dann wieder zu Fäusten. Wiederholen Sie diese Bewegung einige Male – sehr kräftig. Beim Spreizen sollten Sie ausatmen und beim Faustmachen einatmen.

Wiederholen Sie diese Bewegung einige Male.

- Trommeln Sie auf Ihren Schreibtisch: links – rechts – links – rechts. Dann verdoppeln Sie die Schläge. Kehren Sie wieder zum ursprünglichen Rhythmus zurück. Verdoppeln Sie die Schläge Ihrer rechten Hand, die linke behält ihren Rhythmus bei. Dann schlagen beide wieder beide den Grundrhythmus. Verdoppeln Sie anschließend auch die Schläge Ihrer linken Hand.

Natürlich können Sie auch freie Rhythmen trommeln – wo immer Sie möchten. Auch das Lenkrad Ihres Autos kann ein gutes Trommelfell sein.

Beidseitige Bewegungen Ihrer Hände verbinden wichtige Bereiche Ihres Gehirns miteinander. Aus diesem Grund wird von amerikanischen Spitzenmanagern erwartet, dass sie ein Instrument spielen. Es genügen aber auch ganz einfache „Beidseitigkeiten", um das Gehirn anzuregen:

Rhythm is it!

Klatschen Sie den Rhythmus zu Musik. Fünf Minuten bringen Ihr Gehirn in Topform. Ob Sie dabei genau im Takt bleiben oder nicht, ist vollkommen egal.

Hausarbeit macht klug – auch Männer!

Putzen Sie ein bisschen. Auch das ist eine beidseitige Beschäftigung mit den Händen, ebenso Geschirr spülen, Rasen mähen, basteln, nähen, stricken und zum Spaß Musik dirigieren. Finden Sie selbst noch andere Bewegungen, die beidseitig sind. Etwas Besseres können Sie kaum tun, um Ihr Gehirn wieder aufnahmefähig zu machen. Es arbeitet dabei die ganze Zeit an Ihrem mentalen Projekt weiter.

Es kann schon sein, dass Sie beim Falten von Handtüchern die ultimative Lösung für ein Problem plötzlich glasklar vor sich sehen. Beidseitigkeit fördert die Verbindung Ihrer beiden Gehirnhälften, und sich wiederholende Tätigkeiten geben Ihrem Gehirn die Möglichkeit, neue Informationen in Ruhe zu verarbeiten.

Lebendige Füße

Ihren Füßen ist im Gehirn ein großer Bereich zugeordnet. Daher ist Fußreflexzonenmassage nicht nur wohltuend, sondern auch sehr effektiv für die Konzentration. Wenn Sie keine Zeit für einen solchen Termin haben: Auch die eigenen Füße zu massieren und durchzukneten ist eine gute Sache, wenn Sie noch eine längere Sitzung am Computer vor sich haben.

Die folgenden Übungen können Sie auch im Büro machen – und sogar im Auto:

- Lassen Sie Ihre Füße kreisen. Viermal in die eine Richtung, dann viermal in die entgegengesetzte. Wiederholen Sie das dreimal.
- Ziehen Sie die Füße in Richtung der Knie und strecken Sie sie dann wieder. Wiederholen Sie das einige Male.

Jede Bewegung mit den Füßen regt Ihr Gehirn an.

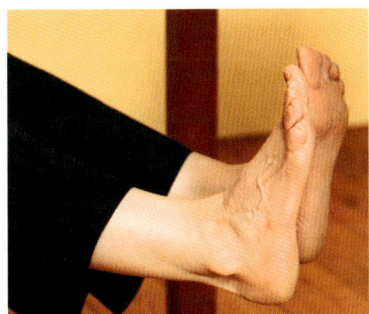 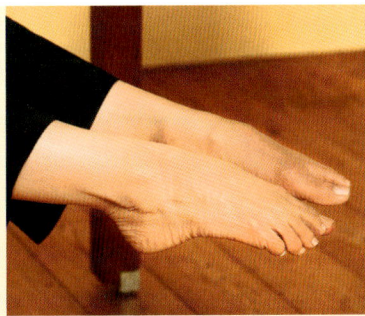

Ziehen Sie die Füße an – strecken Sie die Füße

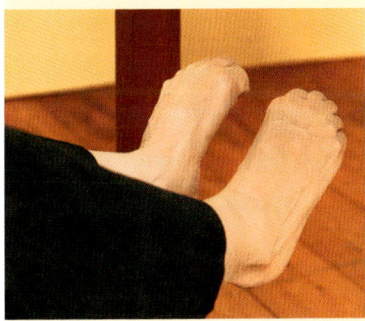 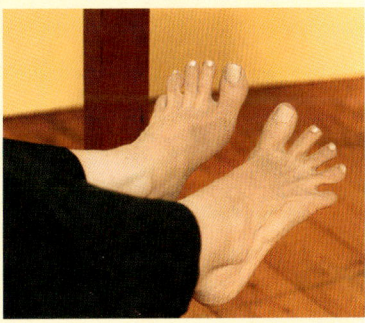

Krallen sie Ihre Zehen zusammen – strecken Sie die Zehen weit auseinander.

Locker bleiben!

Stress und Anspannung spürt man zuerst im Schulter- und Nackenbereich, was die natürliche Verbindung zwischen Körper und Kopf stark beeinträchtigen kann. Die folgenden Übungen sorgen für eine bessere Durchblutung dieser Partien, lösen Spannungen und verbessern dadurch Ihre Aufnahmefähigkeit. Sie sind auch gut für eine Pause während einer langen Autofahrt geeignet – übrigens für die ganze Familie.

Kuhkopf

Heben Sie einen Arm über den Kopf, beugen Sie den Ellenbogen und legen Sie die Hand zwischen Ihre Schulterblätter. Umgreifen Sie mit der anderen Hand den Ellenbogen hinter Ihrem Nacken. Der Kopf bleibt dabei ganz gerade. Schließen Sie die Augen und halten Sie diese

Bleiben Sie mit Ihrem Oberkörper aufrecht.

angenehme Dehnung wenigstens eine Minute. Dann wechseln Sie die
Arme. Atmen Sie dabei tief in Ihren Unterbauch.

Falter

Setzen Sie sich aufrecht hin. Lehnen Sie sich nicht an. Falten Sie die
Hände und legen Sie sie an den Hinterkopf. Atmen Sie ein und dehnen Sie die Ellenbogen so weit nach hinten, wie es Ihnen angenehm
ist. Vermeiden Sie dabei ein Hohlkreuz: Ihr Rücken bleibt kerzengerade, Ihr Kopf ebenfalls.
Atmen Sie aus und führen Sie Ihre Ellenbogen vor dem Kopf zusammen, der jetzt leicht nach vorne abrollt. Ihr Kinn berührt dabei das

Dehnen Sie Ihre Ellenbogen nach hinten.

Lassen Sie den Kopf nach vorne abrollen.

Brustbein. Wiederholen Sie diese Übung mindestens zehnmal. Das ist auch eine sehr entspannende Übung für Autofahrer – selbstverständlich nur während einer Pause.

Kopf zur Seite  11

Sitzen Sie aufrecht, ohne sich anzulehnen. Lassen Sie Ihre Arme locker seitlich am Körper herabhängen. Atmen Sie aus und lassen Sie den Kopf auf Ihre linke Schulter sinken. Ihr Gesicht bleibt dabei nach vorne gerichtet, Ihre Schultern bewegen sich nicht. Bleiben Sie ein paar Atemzüge lang in dieser Stellung. Atmen Sie in die entstandene Dehnung. Richten Sie sich dann beim Einatmen wieder auf und wiederholen Sie die Übung mit dem nächsten Ausatmen zur anderen Seite. Wenn Sie die Augen dabei schließen, erhöhen Sie die lockernde Wirkung.

Lassen Sie den Kopf auf Ihre Schulter sinken.

Schulter zum Ohr  12

Heben Sie Ihre Schultern beim Einatmen gerade nach oben zu Ihren Ohrläppchen. Führen Sie die Schultern beim Ausatmen dann ganz langsam in einem Halbkreis nach hinten und unten. Dort sollten Sie bleiben – immer! Beim Schreiben, Telefonieren, Sprechen, Essen, Gehen, Sitzen und Stehen. Wiederholen Sie diese Übung einige Male. Wenn die Bewegung an einer Stelle nicht rund ist, wiederholen Sie sie so lange, bis der Halbkreis vollkommen gleichmäßig ist. Damit beseitigen Sie zugleich Blockaden in Ihrem Gehirn. Zudem trainieren Sie das optimale lange Ausatmen, das Ihnen Gelassenheit bringt, und programmieren gleichzeitig die richtige Schulterposition in Ihr Körpergefühl ein. Bei Anspannung und Schreibtischarbeit wandern die Schultern nämlich gern nach vorne und nach oben, was Ihr Aufnahmevermögen erheblich beeinträchtigen kann: Die Blutzufuhr zum Gehirn ist blockiert. Machen Sie den Weg wieder frei!

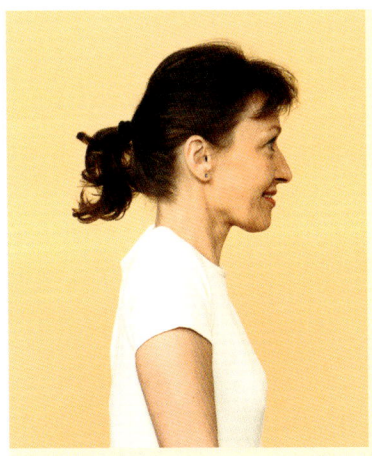

Ziehen Sie Ihre Schultern zu den Ohren.

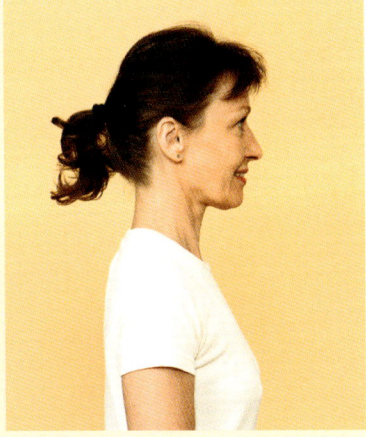

Lassen Sie sie nach hinten und unten sinken.

Kopf-Radius  13

Sitzen Sie aufrecht, ohne sich anzulehnen. Drehen Sie den Kopf langsam zur linken Seite und atmen Sie dabei aus. Kehren Sie nach ein paar Atemzügen in die Mitte zurück, während Sie einatmen. Dann wiederholen Sie die Übung zur rechten Seite. Wichtig ist, dass sich Ihre Schultern dabei nicht mitbewegen. Ihre Augen bleiben auf einer horizontalen Linie.

Diese Übungen für den Nacken sind abgesehen vom Wohlgefühl, das sich bei Ihnen, wie ich hoffe, bald einstellt, wichtig für Ihre Konzentration. Denn alle Nervenverbindungen vom Körper zum Gehirn verlaufen durch die Nackenwirbelsäule. Schon leichte Fehlhaltungen Ihres Halses können zu Verschiebungen Ihrer Wirbel führen, die oft eine Beeinträchtigung Ihrer mentalen Aufnahmefähigkeit nach sich zieht. Am besten, Sie gönnen Ihrem Nacken zwischendurch immer wieder einige dieser Übungen. Vielleicht werden Sie schon bald süchtig nach der Klarheit im Kopf, die dabei entsteht.

Obst pflücken  19

Sitzen Sie schon lange in der gleichen Haltung am Schreibtisch? Dann sind vermutlich Ihre Schultern verspannt. Pflücken Sie ein wenig Obst! Das gefällt Ihren Schultern sehr. Stehen Sie breitbeinig und gehen Sie leicht in die Knie. Stellen Sie sich vor, Sie stehen zwischen zwei Obstbäumen, die pralle Früchte tragen. Verlagern Sie Ihr Gewicht nach links – das rechte Bein streckt sich dadurch – und „pflücken" Sie eine Frucht mit einer leichten Drehbewegung vom Baum zu Ihrer Linken.

Pflücken Sie mit Genuss und in Zeitlupe.

Dann verlagern Sie das Gewicht in einer fließenden Bewegung nach rechts und pflücken eine Frucht am anderen Baum. Wiederholen Sie das solange, bis keine Früchte mehr am Baum hängen! Sie lockern damit Ihre Schultern auf angenehme Weise.

Schulter-Rolls 20

Mit den Schultern zu rollen ist eine sehr angenehme Lockerungsübung für den Rücken. Sie können parallel oder wechselseitig rollen – am Schreibtisch oder beim Spazierengehen. Rollen Sie dabei Ihre Schultern nach hinten und atmen Sie ruhig und gleichmäßig.

Windmühle  21

Den gestressten Mausarm können Sie mit einer Windmühlenbewegung lockern: Führen Sie Ihre Arme abwechselnd über vorne oben nach hinten unten und wieder zurück, in großen, schwungvollen Kreisen. Dabei sollten Sie stabil stehen. Ihre Knie sind leicht gebeugt.

Wenn Ihnen die Schmerzen im Arm dann immer noch zu schaffen machen, lassen Sie sich vom Orthopäden eine sogenannte Ellbogenmanschette verschreiben. Diese können Sie auch nachts tragen. Sie lindert Ihre Schmerzen erheblich.

Wippen Sie bei der Übung ein bisschen in den Knien.

Wasser fürs Gehirn

Auch wenn der Griff zum Kaffeebecher noch so verführerisch ist: Ihr Gehirn braucht sehr viel reines Wasser, um zu funktionieren. Schließlich besteht der menschliche Körper zu einem Großteil aus Wasser, auch das Gehirn. Stellen Sie sich daher am besten eine gefüllte Karaffe auf den Schreibtisch.

Augen entspannen

Oft liegt es gar nicht an einem Aufnahmestopp Ihres Gehirns, wenn Ihre Konzentration nachlässt. Vielleicht haben Ihre Augen im Moment einfach genug von der Anstrengung, auf den Bildschirm zu starren oder ständig über Zeilen zu gleiten. Das ist für die Augenmuskulatur und damit auch für Ihr Gehirn nämlich Schwerarbeit. Entspannen Sie Ihre Augen daher ein wenig! Wenn Sie viele Stunden vor dem Computer sitzen müssen, sind die folgenden Übungen sehr zu empfehlen:

Entspannen Sie Ihre Augen so oft wie möglich.

- Lassen Sie Ihre Augen im Kreis wandern – langsam und gleichmäßig, links- und rechtsherum. Atmen Sie dabei ruhig und gleichmäßig. Das Entspannen funktioniert am besten, wenn Sie diese Übung sehr langsam machen.
- Reiben Sie Ihre Hände aneinander, bis sie sich angenehm warm anfühlen. Legen Sie dann die Handflächen über Ihre Augen. Das entspannt die Augenmuskultur sehr wirkungsvoll. Mit dieser Haltung beruhigen Sie gleichzeitig auch Ihre Stirn- und Nebenhöhlen, die bei zu viel Input anschwellen können. *Palming* heißt diese Übung auf Englisch, von *palm*, Handfläche. Stützen Sie sich dabei mit den Ellenbogen auf den Tisch, das ist am bequemsten. Denn ein paar Minuten sollten Sie die Übung schon durchführen.

Probieren Sie das Palming auch einmal im Liegen aus. Sie können danach wieder besser sehen, atmen und – denken.

Adaption  14

Beim Lesen brauchen Sie eine gute Adaptionsfähigkeit. Das Auge muss sich unentwegt auf hellere und dunklere Bereiche auf dem Blatt einstellen. Ebenso muss es die Sehschärfe auf verschiedene Entfernungen fokussieren. Die Hauptarbeit übernimmt dabei das Gehirn.

Halten Sie Ihren Daumen in Augenhöhe vor sich und führen Sie ihn dann langsam und gleichmäßig an Ihre Nase heran. Lassen Sie dem Auge ein wenig Zeit, um sich an die veränderte Entfernung anzupassen. Strecken Sie dann ebenso langsam Ihren Arm und folgen Sie dem Daumen mit den Augen. Lassen Sie den Blick über den entferntesten Daumenpunkt hinauswandern. Am besten, Sie machen diese kleine Übung vor dem Fenster. Lassen Sie Ihre Augen in die Ferne schweifen, das entspannt die gesamte Augenmuskulatur.

Blicken Sie über Ihren Daumen in die Ferne.

Führen Sie Ihren Daumen nah an Ihre Nase.

Tanzen

Mein persönlicher Favorit, wenn Nacken- und Rückenschmerzen beim Sitzen überhandnehmen, ist Tanzen. Wenn Sie zu Hause arbeiten, empfehle ich Ihnen, alles stehen und liegen zu lassen, schöne Musik aufzulegen und vollkommen frei dazu zu tanzen. Das liegt Ihnen nicht? Dann lockern Sie einfach nur Ihre Schultern, Arme und Hände. Bewegen Sie sich dabei durch den Raum. Meisten entstehen dann von ganz allein Dreh- und andere Bewegungen, die Ihre Gehirnbereiche optimal miteinander verknüpfen. Halten Sie 15 Minuten lang durch. Tanzen hebt Ihre Laune, steigert Ihren inneren Antrieb und sorgt dafür, dass Sie anschließend wieder aufnahmefähig sind.

Auch für alle, die in einem Büro arbeiten, empfiehlt sich das Tanzen – am Abend zu Hause. Eine Viertelstunde genügt vollkommen. Diese Zeit sollte Ihnen ganz allein gehören.

Tanzen verbessert die Orientierung im Raum, der große Regionen in der rechten Gehirnhälfte zugeordnet sind. Es erhöht sozusagen die Intelligenz. Außerdem arbeitet das Gehirn in dieser Zeit weiter – sogar sehr effektiv, denn es hat endlich mal die Ruhe, Aufgenommenes zu verarbeiten. Beim Tanzen bekommen Sie oft die Lösungen für Ihre aktuellen Aufgaben gratis mitgeliefert. Probieren Sie es aus. Legen Sie sich ein Blatt Papier in Reichweite. Vermutlich werden Sie einiges zu notieren haben.

Swings  22

Wenn Ihnen Tanzen nun gar nicht liegt, drehen Sie doch einfach nur Ihren Oberkörper mit leichtem Schwung. Drehbewegungen verbinden verschiedene Bereiche Ihres Gehirns, die beim Denken aktiv sind.

Lassen Sie die Bewegung vom Brustbein aus entstehen.

Bei dieser Übung sollten Sie stehen. Lassen Sie die Arme locker seitlich am Körper herabhängen. Drehen Sie Ihren Oberkörper abwechselnd nach links und rechts. Ihre Arme sollten mitschwingen, ohne dass Sie sie bewusst bewegen. Sie brauchen Anregung? Dann erhöhen Sie das Tempo dieser Übung. Wenn Sie sich dagegen entspannen möchten, genießen Sie sie langsam.

Drehen  23

Drehbewegungen stimulieren Ihr Gehirn sehr stark. Nutzen Sie diese Erkenntnis. Stehen Sie aufrecht, beugen Sie Ihre Knie ein wenig und heben Sie Ihre Arme horizontal zur Seite. Halten Sie dabei den Kopf gerade und fixieren Sie einen Punkt in Augenhöhe. Drehen Sie jetzt Ihren Körper abwechselnd nach links und rechts. Die Arme folgen der Bewegung, ganz locker. Ihr Kopf bewegt sich dabei nicht, er folgt ein-

Drehen Sie sich sanft hin und her.

fach nur der Bewegung Ihrer Wirbelsäule. Wenn Sie verspannt sind, spüren Sie sofort, wie wohltuend dieses Drehen ist. Übrigens auch für das geplagte Autofahrerkreuz.

Gedanken schnell fokussieren

Atmen Sie ein und zählen Sie dabei langsam auf vier. Atmen Sie aus und zählen Sie auf acht, nach einigen Tagen auf zwölf. Damit regulieren Sie den Atem, der im Laufe des Tages durch Anspannung und eine sitzende Tätigkeit leicht flach wird. Dem Gehirn steht dann nicht mehr genug Sauerstoff zur Verfügung. Langes und gleichmäßiges Ausatmen – das natürliche Atmen – unterstützt Ihr Gehirn sehr beim Denken, weil es für die notwendige Sauerstoffzufuhr sorgt.

Blasen

Wenn Sie so gut wie keine Zeit für eine kleine Pause haben und nicht gerade in einem Großraumbüro sitzen, pusten Sie einfach ein paar Mal auf **ffffffff** aus. Kräftig. Lassen Sie den Bauch dabei nach innen wandern. Vor dem nächsten Pusten sollte er sich dann wieder nach außen wölben. Ihr **f** sollte deutlich hörbar sein. Das bringt frischen Sauerstoff ins Gehirn.

Mut! 15

Zweifeln Sie manchmal an Ihren Fähigkeiten? Eine Handhaltung kann Ihnen neuen Mut verleihen. Falten Sie die Hände. Legen Sie dann die Spitzen von Daumen, Zeigefingern und kleinen Fingern aneinander. Halten Sie die Hände dabei locker im Schoß. Ein Gefühl von Zuversicht und Selbstvertrauen wird sich sehr bald einstellen. Hierbei handelt es sich übrigens wieder um ein Mudra aus dem Yoga.

Denken Sie voll Zuversicht an Ihre Aufgabe.

Power!  15

Diese Handhaltung bringt Ihnen rasch neuen Antrieb, durch sie gewinnen Sie Energie und gute Laune. Falten Sie die Hände, drehen Sie die Handflächen nach außen und schieben Sie sie mit einer kräftigen Ausatmung nach vorne. Dann legen Sie Arme und Hände wieder locker in den Schoß und atmen dabei ein, ohne sich anzustrengen. Wiederholen Sie diese Übung einige Male. Spüren Sie den kleinen Energieschub?

Eine Variante dieser Übung kennen Sie vielleicht bereits: Sie haben Sie vermutlich schon oft intuitiv gemacht, um sich im Schreibtischstuhl zu lockern. Falten Sie die Hände, die Handflächen zeigen nach außen. Schieben Sie die Hände beim Ausatmen nach vorne und dann mit dem Einatmen nach oben. Dabei beugen Sie sich ein wenig zurück, so weit, wie es Ihnen angenehm ist. Halten Sie diese Stellung einige

Bringen Sie Ihr Gehirn auf Trab!

Atemzüge lang. Senken Sie danach die Arme beim Ausatmen. Egal, ob Sie dabei sitzen oder stehen: Mit dieser Übung verschaffen Sie Ihrem Gehirn frische Energie.

Top-Übung für Konzentration  16

Legen Sie alle Fingerspitzen Ihrer rechten Hand zusammen und legen Sie sie genau in die Mitte Ihrer linken Hand. Lenken Sie Ihre Gedanken an diese Stelle. Stellen Sie sich vor, dass Sie damit Ihre Energie bündeln. Wechseln Sie nach ein, zwei Minuten die Hände. Das war übrigens eine beliebte Übung chinesischer Generäle und ihrer Soldaten, bevor Sie in die Schlacht zogen. Sie fokussierten damit Ihre eigene Kraft, um sie schnell und zielgenau einsetzen zu können. Eine tolle Übung, wenn Ihnen eine Prüfung bevorsteht! Sie schenkt Ihnen Selbstvertrauen.

Fokussieren Sie Ihre Gedanken.

Für Autofahrer

Wenn Ihnen allmählich die Augen zufallen, sollten Sie umgehend einen Parkplatz ansteuern. Bis Sie diesen erreichen, kann leichtes Massieren Ihrer Ohrläppchen vorübergehend für wache Sinne sorgen. Streckt sich der Weg bis zur Parkmöglichkeit, etwa bei einer Reise im Ausland, können Sie sich leichter wach halten, wenn Sie Ihre Nägel in die Ohrläppchen drücken, bis sich ein leichtes Schmerzempfinden einstellt. Aber wenden Sie das bitte nur in Notfällen an! Auch Ihre Ohrläppchen befinden sich in reger Kommunikation mit Ihrem Gehirn. Vorsicht daher auch bitte bei schweren Ohrringen und Ohrclips. Tragen Sie sie nur stundenweise. Sonst können sie zum Störfaktor für Ihr Aufnahmevermögen werden.

Finger halten  16

Ist Ihre Konzentrationsschwäche eine Folge von Müdigkeit und Energiemangel? Sind Ihre Füße eiskalt? Fühlen sich Ihre Beine nicht durchblutet an? Dann halten Sie doch einmal Ihren kleinen Finger.

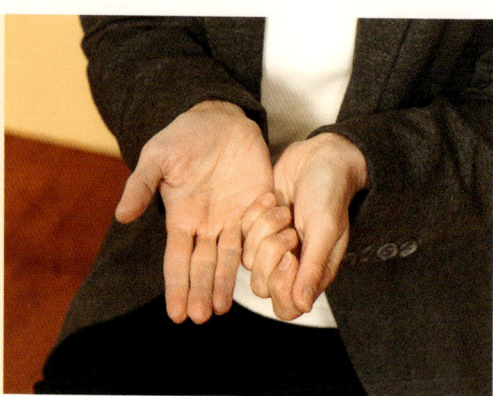

Lassen Sie Ihre Energie wieder fließen.

Umgreifen Sie ihn mit den Fingern Ihrer anderen Hand. Nach wenigen Minuten fühlen Sie meistens einen kleinen, regelmäßigen Puls. Wechseln Sie dann die Hände. Damit können Sie auch gut die Zeit vor dem Fernsehapparat oder während Wartezeiten nutzen!

Sie können übrigens auch alle anderen Finger nacheinander halten, wenn Sie eine längere Wartezeit sinnvoll füllen möchten. Das tut sehr gut, weil es die Energie in Körper und Gehirn zum Fließen bringt. Hierbei handelt es sich um eine der vielen Möglichkeiten, die Jin Shin Jyutsu, eine sehr wirksame fernöstliche Therapiemethode, bietet.

Fassen Sie sich an die Stirn!  17

Wenn uns plötzlich die Lösung von etwas einfällt, was eigentlich auf der Hand lag, schlagen wir uns oft mit der Handinnenfläche leicht gegen die Stirn. Diese Geste kommt nicht von ungefähr. Genau dort liegt Ihr Stirnlappen, der Teil des Gehirns, der Eindrücke filtert und dann an die Gehirnbereiche leitet, die für das weitere Verarbeiten von Informationen zuständig sind. Machen Sie aus dieser spontanen Bewegung doch einfach eine Übung.

Stirn-Hinterkopf-Halten

- Wenn Sie ein richtiges Blackout haben und Ihr Kopf nichts mehr aufzunehmen scheint, genügt oft schon ein einfacher Griff: das Stirn-Hinterkopf-Halten. Sie verbinden damit wesentliche Bereiche Ihres Gehirns. Setzen Sie sich dazu bequem auf einen Stuhl. Ihre Füße sollten Bodenkontakt haben. Legen Sie eine Hand auf die Stirn, die andere an den Hinterkopf und halten Sie die beiden Partien ein oder zwei Minuten lang. Achten Sie darauf, dass Ihre Schultern vollkommen entspannt bleiben.

- Lassen Sie dann die Hände sinken – am besten, Sie lassen sie locker seitlich am Körper herabhängen – und rollen Sie ein wenig mit den Schultern, um Verspannungen zu vermeiden. Wenn Sie schon längere Zeit am Schreibtisch gesessen haben, kann das leicht geschehen. Wenn Ihre Schultern verkrampft sind, bewirken Sie mit diesem Supergriff für gute Konzentration leicht das Gegenteil.
- Wiederholen Sie das Stirn-Hinterkopf-Halten, indem Sie die Hände wechseln.

Entspannen Sie sich beim Stirn-Hinterkopf-Halten.

Was geschieht bei dieser Übung? Sie stimulieren den Arbeitsspeicher Ihres Gehirns, der im Vorderhirn liegt. Hier werden Sinneseindrücke und andere neue Informationen mit Ihren persönlichen Erfahrungen verglichen, analysiert, neu zusammengesetzt und bewertet. Erfolgt daraufhin keine Verknüpfung des neuen Materials mit Gefühlen und persönlichen Erfahrungen, findet der Inhalt den Weg ins Langzeitgedächtnis nicht und wird „entsorgt" – Sie vergessen ihn schnell wieder. Sie machen also Ihren „Stirnmanager" fit, indem Sie Ihre Stirn berühren. Und Sie sorgen für einen mühelosen Transfer ins Langzeitgedächtnis, wenn Sie Ihren Hinterkopf halten. Sie regen damit Ihre

Fähigkeit an, bildhaft zu denken, wodurch der neue Input so vernetzt werden kann, dass er im Langzeitgedächtnis verankert werden darf.

Stirn-Griff  17

Ein weiterer Stirngriff, der manchmal wahre Wunder bewirken kann: Legen Sie Ihren Daumen auf den Nagel des kleinen Fingers und berühren Sie mit den restlichen Fingern sanft Ihre Stirnbeinhöcker. Diese finden Sie ganz leicht: Fassen Sie sich doch einmal, ohne nachzudenken, mit den mittleren Fingern beider Hände an die Stirn. Wo sie landen, befinden sich Ihre Stirnbeinhöcker. Darunter liegt Ihr Stirnlappen, der Supermanager in Ihrem Kopf, der für ein schnelles Auffassungsvermögen zuständig ist. Wenn Sie unter Ihren Stirnbeinhöckern einen leichten Puls spüren, lassen Sie Ihre Finger so lange darauf liegen, bis er auf beiden Seiten synchron ist. Sie werden staunen, wie schnell Sie wieder klare Gedanken fassen können.

Bringen Sie Ihre Gehirnhälften in Einklang.

Besonders wirksam ist dieser Griff, wenn die Polaritäten Ihres Körpers aus dem Gleichgewicht geraten sind. Die Ursache hierfür ist oft Stress. Ihr Körper lebt durch die Spannung von Gegensätzen: Der Rhythmus des Ein- und Ausatmens hält ihn im Gleichgewicht, ebenso der Wechsel von Schlafen und Wachsein, von körperlicher Anstrengung und Ruhe, von Geben und Nehmen. Auch Ihre Organe, das Gewebe und die Zellen leben im Wechsel von Aufnehmen und Abgeben. Ist dieser Rhythmus gestört, etwa durch Stress oder falsches Atmen, wird Ihnen der Griff an die Stirnbeinhöcker guttun. Auch wenn Sie zu viel von sich verlangen, ständig angespannt sind oder oft in die Aktivität flüchten, ohne entsprechende Ruhepausen einzuhalten, eignet sich dieser kleine Trick hervorragend, um Ihre Konzentration wieder auf Höchststand zu bringen.

Sie können ihn anwenden, so oft Sie wollen, und Ihre Stirn halten, solange es Ihnen angenehm ist. Falsch können Sie dabei nichts machen. Probieren Sie es aus! Nur bitte nicht während des Meetings. Aber vielleicht an Ihrem Schreibtisch?

Übrigens sind auch Ihre Finger polarisiert: Ihr rechter Zeigefinger ist positiv, der Mittelfinger negativ, der Ringfinger wieder positiv und der kleine Finger negativ geladen. Diese elektrische Ladung ist messbar. Bei der linken Hand ist es genau umgekehrt. Die Daumen sind dagegen neutral.

Stirn-Nabel  17

Ein wohltuender und wirkungsvoller Griff, den Sie im Sitzen, Stehen und auch im Liegen anwenden können, ist das Halten von Stirn und Nabel mit der flachen Hand. Atmen Sie dabei ruhig und gleichmäßig, lassen Sie Ihre Schultern locker und wechseln Sie nach ein,

Verbinden Sie Kopf und Körper.

zwei Minuten die Hände. Konzentrieren Sie sich dabei auf die Gegend um Ihren Nabel. Stellen Sie sich vor, dass dort Ihre Kraft sitzt. Wenn sich dabei ein Gefühl von Wärme einstellt, ist das genau richtig. Das gleicht Überspannung im Kopf und Unterspannung im restlichen Körper aus. Dieses Ungleichgewicht entsteht leicht, wenn Sie zu lange am Schreibtisch sitzen.

Lassen Sie los!

Wenn Sie feststellen, dass Ihre Konzentration nachlässt, gönnen Sie sich jedes Mal ein kurzes Loslassen, gleich welcher Art: Ihr Gehirn braucht Abwechslung. Nutzen Sie die Zeit, um Ihrem Körper zu geben, was er braucht, um im Wechselspiel mit dem Gehirn gut zu funktionieren. Sie sprechen damit gleichzeitig Gehirnregionen an, deren Aktivität es Ihnen ermöglicht, aus Gehörtem und Gelesenem die richtigen Schlüsse zu ziehen – die Voraussetzung dafür, dass Neues im Langzeitgedächtnis abgelegt werden kann. Alle Übungen aus dem SOS-Programm unterstützen Sie hierbei.

Gönnen Sie sich eine kleine Abwechslung

Übrigens gehören auch Essen, Tasten, bewusstes Hören und Riechen zu den Tätigkeiten, die Ihre Gehirnfunktionen ausgleichen und ganzheitlich anregen. Hören Sie einfach eine Viertelstunde lang Musik und steigern Sie damit Ihre Konzentration. Oder gönnen Sie sich einen kleinen Ausflug zum Gewürzregal und schnuppern Sie an den Gläsern. Oder an ihren Parfumfläschchen. Nach nur fünf Minuten ist Ihr Gehirn durch die Abwechslung so ausgeglichen, dass beide Gehirnhälften wieder gleich intensiv und hoch motiviert arbeiten.

Essen ist übrigens immer gut, nicht nur aus den oben genannten Gründen, sondern auch, weil es Ihnen Energie liefert und die Verdauungsvorgänge Ihren Parasympathikus (den sogenannten „Ruhenerv", der dabei hilft, die körpereigenen Reserven aufzubauen) anregen, was wiederum eine stärkere Beteiligung der rechten Gehirnhälfte zur Folge hat. Es muss keine vollständige oder gar kalorienreiche Mahlzeit sein; eine knackige Möhre erfüllt durchaus den Zweck.

Tasten macht wach

Getastet haben Sie schon als Embryo. Ihr Gehirn konnte sich dadurch optimal entwickeln, da es ständig die Tastergebnisse auswertete – ein gutes Training. Tasten Sie in der nächsten Zeit doch ein bisschen bewusster. Diesen Sinn vernachlässigen wir leider sehr oft, was unserer Konzentrationsfähigkeit nicht gerade förderlich ist. Durch Ihren Körper verlaufen Nervenbahnen, die an den Kuppen Ihrer Finger und Zehen enden. Diese zwanzig kleinen Körperregionen sind Ihrem Gehirn so wichtig, dass es ihnen einen erstaunlich großen Bereich eingeräumt hat, der sehr aktiv ist. Wenn Sie Dinge ertasten, regt das Ihre Gehirnaktivität stark an.

Ertasten Sie einfach verschiedene Oberflächen, während Sie jemandem zuhören. Es kommt auch Ihrem Gesprächspartner zugute, wenn Sie die Unterschiede von Wolle, Haut, Leder, Metall und Kunststoff tastend erfahren: Sie sind dann imstande, ihm größere Aufmerksamkeit zu widmen, weil ihr Gehirn entspannt und gleichzeitig viel aktiver ist, als wenn Sie ganz still dasäßen. Sie sollten in diesem Fall natürlich mit kleinen, unauffälligen Bewegungen tasten.

Es gibt übrigens Untersuchungen darüber, in welchem Maß beidhändige und repetitive Tätigkeiten wie Sticken dem Schreiben von Romanen im 19. Jahrhundert förderlich waren: Die Nadelarbeit hat Schriftstellerinnen wie Emily Brontë und Jane Austen offenbar mental so stark angeregt, dass sie sich ein Ventil für ihre regen Gedanken und überbordende Fantasie schaffen mussten.

Die für das Tasten zuständigen sehr großen Gehirnbereiche können Sie noch mehr anregen, indem Sie gewohnte Handgriffe einmal mit der anderen Hand machen. Die Zähne putzen zum Beispiel und die Schnürsenkel binden. Schreiben Sie versuchsweise doch mal Ihren Namen mit Ihrer Nicht-Schreib-Hand! Schon läuft Ihr Gehirn auf Hochtouren, was Ihnen beim Lernen sehr zugutekommt.

Konzentration

Vielleicht genügen Ihnen die Übungen des SOS-Programms vollkommen, um alle Anforderungen Ihres Lebens mit voller Konzentration zu meistern. Dann sollten Sie unbedingt damit fortfahren. Alte Gewohnheiten sind nämlich leider oft hartnäckig und erschweren uns die Disziplin, diese einfachen Beispiele in den Alltag zu integrieren. Aber mit ein wenig Übung gelingt das sicher mühelos.

Vielleicht möchten Sie aber auch gern mehr erfahren über das Phänomen Konzentration und sich mit diesem Thema ein wenig intensiver befassen.

Was ist Konzentration?

Sie fokussieren Ihre Gedanken auf eine Aufgabe. Sie sind hellwach und interessiert. Sie lassen sich nicht ablenken, weder von einem Telefonat noch von eigenen Gedanken, die mit Ihrem Thema nichts zu tun haben. Sie sind jedoch nicht so intensiv involviert, dass Sie zum Beispiel einen Hausbrand nicht bemerken würden.

Das ist im Grunde ein ganz normaler Zustand. Ohne einen gewissen Grad an Konzentration können wir uns nicht einmal eine Tasse Kaffee einschenken. Lernen und das Verarbeiten komplexerer Themen – auch im Hinblick auf eine Wiedergabe des Inhalts bei einer Präsentation, einem wichtigen Gespräch oder einem Referat – erfordert natürlich eine stärkere Fokussierung der eigenen Gedanken.

Zu Beginn steht immer Ihr Entschluss, sich einer bestimmten Aufgabe zu widmen. Genau hier liegt der Kern Ihrer Konzentrationsfähigkeit.

Wie selbstbestimmt treffen Sie diese Entscheidung? Und aus welcher Motivation heraus? Nur aus Pflichtgefühl? Oder aus Begeisterung? Wann bleiben Sie länger aufmerksam? Natürlich dann, wenn Ihnen das Thema Freude macht. Dann fällt es Ihrem Gehirn leicht, viele Verknüpfungen mit Ihren emotionalen Erfahrungen zu bilden, und der Transfer in das Langzeitgedächtnis erfolgt mühelos. Es speichert Informationen leichter ab, wenn es diese mit Gefühlen und Sinneseindrücken verbinden kann.

Ist Ihre Motivation nicht hoch genug, erliegen Sie der Gefahr, gedanklich abzuschweifen – in angenehmere Gefilde. Es ist leicht zu sagen, das interessiert mich nicht, und sich auf eine Aufgabe erst gar nicht einzulassen. Lohnender ist jedoch, sich mit einer neuen Thematik intensiv zu beschäftigen. Erlauben Sie sich, dabei zu staunen, und hinterfragen Sie den Inhalt immer wieder. Suchen Sie nach Antworten. Stellen Sie Inhalte in Relation zueinander. Beschaffen Sie sich Hintergrundinformationen zu Ihrem Thema. Je mehr Zeit und Energie Sie Ihrer Aufgabe widmen, desto vertrauter wird sie Ihnen. Nuancierte Farben ersetzen das Grau, das Sie zu Beginn wahrgenommen haben. Der Inhalt wird für Sie lebendig. Sie haben einen persönlichen Bezug dazu geschaffen. Und es kann sogar sein, dass Sie beginnen, Ihr neues Thema zu lieben.

Unendlich viele Verknüpfungen sind in Ihrem Gehirn entstanden, während Sie sich mit Ihrer Aufgabe beschäftigt haben.

Bevor das jedoch geschehen kann, brauchen Sie ein wenig Durchhaltevermögen. Denn Konzentrationsschwäche hat nichts mit mangelnder Intelligenz zu tun, dagegen oft mit einem Mangel an Motivation. Vielleicht haben Sie als Kind nie erlebt, wie erfüllend es sein kann, wenn man eine schwierige Aufgabe ganz allein gelöst hat. Endorphine überschwemmen Sie, Glückshormone, und der Zustand der

Befriedigung ist so intensiv, dass keine materielle Belohnung ihn je erreichen könnte. Eine zu lösende Aufgabe ist eine Herausforderung, an der Sie wachsen, wenn Sie sich darauf einlassen. Vor allem durch Werbung wird uns suggeriert, dass wir alles sofort und leicht haben können. Von dieser Vorstellung sollten Sie sich verabschieden. Denn das stimmt natürlich nicht. Wir schätzen Dinge, Beziehungen, befriedigende Situationen erst richtig, wenn wir uns ein wenig anstrengen müssen, um sie zu bekommen. Dafür sollten Sie nicht nur den Willen, eine Herausforderung anzunehmen, aufbringen, sondern auch eine große Portion Durchhaltevermögen.

Stolperschwellen sind Chancen. Gerade, wenn in der Thematik etwas zu „haken" scheint, sind Sie an einem Punkt angekommen, der Ihrer Aufmerksamkeit bedarf. Sie sollten ihn noch einmal überdenken und überprüfen, ob Sie alles in sinnvolle Relation gebracht, die richtigen Schlüsse gezogen haben. Beim Überwinden einer solchen Schwelle erhöht sich Ihre Gehirnaktivität. Sie bilden zahllose assoziative Verknüpfungen, durch die Sie den Stoff später leicht und sicher abrufen können. Wird uns eine Aufgabe zu leicht gemacht, geschieht dies nicht. Weniger Synapsen werden gebildet, und es ist fraglich, ob der Inhalt überhaupt im Langzeitgedächtnis landet. Durchhaltevermögen können Sie übrigens sehr gut beim Sport und durch Yoga trainieren.

Einige Yogaübungen finden Sie im Kapitel *Ruhe und Gelassenheit*.

Es kann sehr erfüllend sein, sich auf ein Thema so einzulassen, dass Sie alles um sich herum vergessen: die Zeit, Ihre privaten Probleme, dass Sie die Handwerker bestellen müssen, es regnet und Sie am Abend eingeladen sind. Sie befinden sich unter einer virtuellen Glasglocke. Ihre Energie scheint sich dabei vollkommen auf einen einzigen Punkt zu fokussieren: Ihr Thema. Sie empfinden ein tiefes Gefühl der Befriedigung, wenn Sie eine Frage beantwortet, eine Prüfung bewältigt, ein Problem gelöst haben. Konzentration ist der erste Schritt dorthin. Lernen Sie, Ihre Aufmerksamkeit zu bündeln und alle Störfaktoren wegzufiltern. Dann können Sie Ihr gesamtes Potenzial an Intelligenz, Kreativität und Wissen ausschöpfen.

Die Begabung eines Schauspielers besteht zu 95 Prozent aus Konzentration und zu fünf Prozent aus Talent, sagen Theaterleute. Ein interessanter Aspekt, den man gerade im künstlerischen Bereich vielleicht nicht so ohne Weiteres erwartet hätte.

Die Grundlage für eine gute Konzentrationsfähigkeit beruht auf drei wesentlichen Voraussetzungen: der Motivation, sich auf eine Aufgabe voll und ganz einzulassen, dem Steigern Ihrer Aufmerksamkeit und dem Ausschalten von Störfaktoren. Dieses Buch möchte Sie dabei unterstützen, diese Bedingungen zu schaffen.

Übungen aus der Kinesiologie

Diese Übungen sind ebenso einfach auszuführen wie die des SOS-Programms. Doch sicher möchten Sie zuerst einmal wissen, was Kinesiologie überhaupt ist, bevor Sie sich mit dieser ungewöhnlichen Heilmethode befassen.

Der Begriff „Kinesiologie" hat seinen Ursprung in *kinesis*, dem griechischen Wort für Bewegung, und *logos* – das bedeutet Wort oder Lehre.

Der amerikanische Chiropraktiker Dr. George Goodheart entwickelte diese neuartige Lehre von der Bewegung in den 60er Jahren des vorigen Jahrhunderts. Der Arzt machte die Beobachtung, dass nicht nur körperliche, sondern auch psychische und mentale Vorgänge und Erinnerungen auf die Funktionen der Muskeln einwirken. Einfach ausgedrückt: Wenn Sie an etwas Schönes denken, kann ein anderer Ihren ausgestreckten Arm nicht nach unten drücken – von roher Gewalt einmal abgesehen. Denken Sie dagegen an etwas, das Ihnen Stress bereitet, können Ihre Muskeln den Arm nicht halten – er lässt sich mühelos nach unten bewegen. Das Experiment funktioniert übrigens mit jedem Muskel Ihres Körpers, den Sie willentlich beeinflussen können. Ein schwacher Muskel zeigt an, dass die Blutversorgung im Körper nicht im Gleichgewicht ist. Bei Stress wird zum Kampf gerüstet: Das Blut wird in die Regionen geleitet, die es für Kampf oder Flucht benötigt, allen anderen wird es dagegen entzogen.

Dieser Muskeltest bildet bei einer kinesiologischen Sitzung oft die Anfangsphase, um die Diagnose zu erleichtern. Danach wird dann meistens auf sehr individuelle Weise weitergearbeitet, denn die alternative Heilmethode bietet vielfältige Möglichkeiten, Stressfaktoren und Traumata aufzulösen.

Kinesiologie beruht auf einem ganzheitlichen Konzept, das die körperliche, emotionale, biochemische, energetische und neurologische Verfassung des Klienten berücksichtigt. Die Methode ist dabei offen für jede Erkenntnis des Heilens. Sie verwendet Elemente aus der Chiropraktik, der Psychologie, der Neurologie, der traditionellen chinesischen Medizin genauso wie des Yoga, der Farbtherapie und anderer Heilkonzepte.

Die Kinesiologie geht davon aus, dass jede Erfahrung, die Sie gemacht haben, nicht nur im Gehirn, sondern auch in jeder Körperzelle gespeichert ist. Daher ist ein einzelner Muskel durchaus in der Lage, auf eine Frage mit „Ja" oder „Nein" zu antworten – er hält stand oder gibt nach. Der Muskel antwortet stellvertretend für den ganzen Menschen. Der Vorteil liegt darin, dass er unbestechlich und spontan wie ein Kind ist.

Ein Beispiel verdeutlicht das: Eine Klientin klagt über starke Rückenschmerzen, die schulmedizinisch nicht zufriedenstellend behandelt werden konnten. Beherrscht der Kinesiologe die sinnvolle Fragestellung, kann er durch eine Reihe einfacher Muskeltests herausfinden, wo die Ursache liegt: in einer Wirbelverschiebung im Nacken etwa als Folge eines Autounfalls vor einigen Jahren – auch das genaue Datum verrät der Muskeltest – oder in der aktuellen Belastung durch einen Pflegefall in der Familie.

„Das Datum?", werden Sie sich kopfschüttelnd fragen. „So ein Blödsinn!"

Nein, denn Ihre linke Gehirnhälfte legt Ihre Erfahrungen in zeitlichen und räumlichen Koordinaten ab, wie in einem ordentlichen Büro. Diese Inhalte werden auch an Ihre Körperzellen gesendet, die sie als zelleigene Erinnerung abspeichern. Daher ist es sehr leicht, per

Muskeltest ein bestimmtes Datum herauszufinden. Man muss nur Fragen stellen, die mit Ja oder Nein zu beantworten sind. Anders arbeitet ein Computer auch nicht.

Die Kinesiologie regt also den Körper dazu an, Ihnen mitzuteilen, wo die Ursache eines Problems liegt und welche Maßnahmen Sie dagegen ergreifen können. Sie entscheiden dann selbst, ob und wie weit Sie sich auf den Ratschlag Ihrer Körperzellen einlassen möchten. Sie erlangen dadurch mehr Selbstbestimmung und ein hohes Maß an Eigenverantwortlichkeit für Ihre Gesundheit.

Die alternative Heilmethode bietet nahezu unbeschränkte Möglichkeiten für jeden, der in seinem Leben etwas verändern oder verbessern möchte. Ärzte, Heilpraktiker und Zahnärzte können mithilfe des Muskeltests und gezielter Fragestellung schneller die geeigneten Therapiemaßnahmen entwickeln und den Behandlungszeitraum verkürzen. Physiotherapeuten, Krankengymnasten und Chiropraktiker sind begeistert von den schnellen und genauen Diagnosemöglichkeiten des Muskeltests.

Pädagogen schätzen besonders die kinesiologischen Brain-Gym-Übungen. Sie erleichtern das Lernen und steigern die Konzentrationsfähigkeit ihrer Schüler. Diese leicht erlernbaren Übungen finden Sie in diesem Buch – jedenfalls alle, die Sie alleine ausführen können. Sie basieren zum großen Teil auf Über-Kreuz-Bewegungen, die wichtige Teile des Gehirns miteinander verbinden.

Auch die Psychotherapie bedient sich der Kinesiologie, um die Ursachen psychischer Probleme zu erkennen. Umgekehrt hat man in den letzten Jahren auf dem Gebiet der Neurologie einige aufregende und umwälzende Erkenntnisse gewonnen, die die Kinesiologie in ihre Methodik integrieren konnte.

Kinesiologie ist aber nicht nur eine sinnvolle Unterstützung, um Probleme zu lösen. Sie können mit dieser Methode Ihr persönliches Potenzial entwickeln, Ihre Fähigkeiten verbessern und Stärken ausbauen. Daher nutzen viele Manager, Dozenten, Politiker, Piloten, Sportler und Künstler kinesiologische Techniken, um erfolgreicher zu sein. Diese Arbeit findet in Einzelsitzungen statt.

Die vielfältig nutzbare Methode regt Sie gleichermaßen zu mehr Selbsthilfe und -heilung wie auch zu persönlichem Wachstum an. Gönnen Sie sich eine Einzelsitzung, wenn Ihre Konzentrationsschwierigkeiten einmal ein Maß erreichen sollten, das Sie nicht mehr akzeptieren möchten. Lassen Sie sich bei der Wahl eines geeigneten Kinesiologen durch den Berufsverband Deutsche Gesellschaft für Angewandte Kinesiologie e. V. beraten.

Mit den folgenden Übungen aus der Kinesiologie dürften Sie Ihre Konzentrationsprobleme aber auch allein lösen können. Sie sind problemlos auszuführen und machen zudem noch Spaß. Freude beim Üben hilft übrigens sehr, die Wirkung zu verstärken.

Über-Kreuz-Bewegungen

Besonders effektiv bei mentaler Überbeanspruchung sind Über-Kreuz-Bewegungen. Warum? Ganz einfach: Ihr Gehirn besteht aus zwei Hälften, die völlig unterschiedliche Funktionen haben. Wenn sie nicht miteinander verbunden sind, arbeitet jede Seite isoliert vor sich hin – und das führt zu gar nichts. Die beiden Gehirnhälften müssen miteinander verbunden sein, damit Sie klar denken und die richtigen Schlüsse ziehen können. Erinnern Sie sich an das in der Einleitung erwähnte Beispiel mit den Bewohnern des rechten und des linken Hauses?

Ein dicker Nervenstrang verbindet die beiden Gehirnhälften mitein-ander – wie eine Brücke. Doch bei Stress verweigern die Zellen, aus denen er besteht, oft die Arbeit. Dann fällt das Denken schwer. Ganz besonders übrigens Männern. Frauen haben von Natur aus einen dickeren Nervenstrang, der die linke mit der rechten Gehirnhälfte verbindet. Sie finden daher oft schneller Lösungen, da sie leichter ver-schiedene Möglichkeiten erkennen und unter ihnen wählen können.

Die linke Gehirnhälfte bietet Ihnen Struktur, Logik, Wortschatz und Grammatik und das Ergebnis von allem, was Sie bereits gelernt und erfahren haben. Sie „denkt" zielgerichtet und lösungsorientiert. Die rechte dagegen prüft verschiedene Möglichkeiten, schenkt Ihnen das Gefühl für Klang und Rhythmus, ohne das Sie nicht verständlich spre-chen und die Informationen anderer nicht verstehen könnten, verzet-telt sich manchmal, kann auch chaotisch sein, bietet aber oft erstaun-liche Lösungen, die neu sind, die Sie in dieser Form noch nicht erlebt haben. Bei Gefahr ist übrigens die rechte Hälfte übergeordnet.

Interessant ist, dass wir keineswegs mit diesem Zweiseitensystem geboren werden:

Das Gehirn eines Neugeborenen wiegt knapp 25 Prozent von dem eines Erwachsenen und hat zwei fast identische Gehirnhälften, deren Aufgabenbereiche noch nicht klar aufgeteilt sind. Nach zwei Jah-ren hat das Gehirn des Kindes seine volle Größe erreicht. Diese Ent-wicklung befähigt das Kind zu sprechen, differenzierter zu denken, Schlüsse aus seinen Beobachtungen zu ziehen und seine Bewegungen zu koordinieren. Die Verbindungen zwischen den Neuronen werden in dieser Zeit vervielfacht und ausgebaut. Die beiden Gehirnhälften übernehmen jetzt verschiedene Funktionen. Links haben die ratio-nalen, logischen und intellektuellen Fähigkeiten ihren Sitz, rechts die emotionalen, intuitiven und kreativen Denkprozesse.

Kinesiologische Über-Kreuz-Muster verbinden Ihre Gehirnhälften sehr effektiv miteinander. Mehr noch: Sie fördern das Denken gleichzeitig auf drei Ebenen – sie regen damit die Kommunikation zwischen Gehirn und Körper, zwischen Vorder- und Hinterhirn und zwischen den beiden Gehirnhälften an.

Wie bewegt man sich nun über Kreuz? Keine Angst, Sie müssen sich dabei nicht verbiegen. Einfache Über-Kreuz-Bewegungen kennen Sie bereits: Sie führen Sie zum Beispiel ganz automatisch beim Spazierengehen oder beim Tanzen aus. Wir haben das Kreuzmuster schon in den ersten Monaten unseres Lebens entdeckt und entwickelt. Ein Säugling bewegt sich zunächst ipsilateral – also gleichseitig, im Passgang: Rechtes Bein und rechter Arm bewegen sich synchron, dann folgen das linke Bein und der linke Arm. In der Krabbelphase beginnt das Kind dann, sich über Kreuz zu bewegen. So kann es sein Gleichgewicht leichter halten und sich schneller vorwärtsbewegen.

Krabbeln ist übrigens ein durchaus ernst gemeinter Über-Kreuz-Tipp für Sie! Nicht gerade fürs Büro, aber für zu Hause:

Krabbeln

Krabbeln Sie – wechselseitig, mit dem linken Arm zum rechten Bein und umgekehrt – durchs Zimmer. Manchmal genügt schon diese einfache Übung, um die Kommunikation zwischen Körper und Gehirn zu verbessern, Ihre vorderen Denkzentren mit dem Hinterhirn zu verbinden und die Verbindung zwischen beiden Gehirnhälften durch diese Über-Kreuz-Bewegung zu trainieren und zu stärken. Diese Übung sollten Sie oft mit Ihren Kindern machen und sich freuen: Sie selbst haben genauso viel davon.

Käfer  25

Diese Übung ist eine Variante des Krabbelns. Sie können sie bequem im Bett, auf dem Sofa oder dem Boden machen. Legen Sie sich auf den Rücken, ziehen Sie das rechte Bein an und berühren Sie das Knie mit Ihrer linken Hand, dann umgekehrt. Wiederholen Sie diese Bewegung ungefähr 20-mal.

Das verbessert Ihre Konzentration besonders beim Lesen und Schreiben erheblich. Über-Kreuz-Bewegungen liegt die gleiche Kooperationsweise zwischen linker und rechter Gehirnhälfte zugrunde wie beim Lesen und Schreiben.

Vernetzen Sie die verschiedenen Teile Ihres Gehirns miteinander.

Räkeln

Sie liegen schon bequem auf dem Boden? Dann räkeln Sie sich in X-Form: Dehnen Sie sich von den Fingerspitzen der rechten Hand bis zu den linken Zehenspitzen und dann umgekehrt. Wenn Sie das ein paar Mal wiederholen und leicht beschleunigen, entsteht eine sehr wohltuende Rotation im unteren Rücken. Sie vernetzen durch das Räkel-X nicht nur verschiedene Gehirnbereiche, sondern entspannen auch Ihr Zentralnervensystem sehr wirkungsvoll. Denn zwischen Steißbein und Kreuzbein verlaufen viele Nervenbahnen, die unter Anspannung schnell „überarbeitet" sind. Daher schmerzt dieser Teil des Rückens manchmal. Am besten, Sie räkeln sich schon morgens im Bett auf diese Weise, um Verspannungen gar nicht erst aufkommen zu lassen.

Dehnen Sie sich wie ein X.

Wenn alle Gehirnbereiche gut miteinander vernetzt sind, können Sie Ihr mentales Potenzial mit Leichtigkeit nutzen. Sie fühlen sich wohl, leistungsfähig, ausgeglichen und zentriert. Bei Stress werden die Nervenimpulse zwischen Körper und Gehirn gestört, zum Teil auch blockiert. Das Stresshormon Adrenalin wird ausgeschüttet. Es verleiht Ihnen ungeahnte Kräfte, um zu kämpfen oder zu fliehen. Jahrmillionenlang war das eine äußerst hilfreiche Reaktion auf Gefahr. Doch heute kämpfen wir nicht mehr so oft mit den Fäusten und rennen eher selten um unser Leben, weil uns ein Grizzlybär verfolgt. Wir bleiben stehen oder sitzen und fighten höchstens mit Worten. So kann das Adrenalin nicht durch körperliche Aktivität abgebaut werden, was gesund wäre. Es blockiert unser Schmerzempfinden – das früher beim Kämpfen so wichtig war – und unsere Fähigkeit zum Entspannen.

Statt gelassen und mit Humor auf äußere Reize zu reagieren, bekommen wir einen Tunnelblick. Leider sind wir dadurch nicht imstande, Alternativen zu erkennen. Deshalb reagieren Menschen, die unter Stress stehen, oft so gereizt. Dieser Zustand ist enorm anstrengend. Man verliert dabei sehr viel lebenswichtige Energie. Häufen sich solche Adrenalinüberschwemmungen in Ihrem Körper, fühlen Sie sich sehr schnell ausgelaugt. Ihre mentalen Fähigkeiten stehen Ihnen nicht mehr voll zur Verfügung, ein Aufnahmestopp für Informationen wird verhängt. Am besten wäre es in solchen Situationen, auf einen Punchingball einzuschlagen, denn dass würde das Adrenalin auf natürliche Weise abbauen. Sie wären wieder in der Lage, klar zu denken.

Probieren Sie es doch mal! Einfach zum Spaß. Es geht nämlich auch ohne Punchingball. Schlagen Sie kräftig auf einen imaginären Sandsack ein, treten Sie zu und geben Sie dabei impulsive Laute von sich. Dabei baut sich überschüssiges Adrenalin hervorragend ab. Fünf Minuten sollten Sie aber schon durchhalten!

Boxen, auch für Frauen!  26

Sorgen Sie dafür, dass Sie bei dieser Übung allein sind. Dann stellen Sie sich einen imaginären Punchingball vor, der vor Ihrer Nase hängt, und boxen Sie auf ihn ein. Mit voller Energie. Auch mit den Beinen sollten Sie ihn kräftig bearbeiten. *Treten* Sie, so hoch Sie können – fünf Minuten lang! Ungeformte Laute in Richtung **hu!** oder **ä!** dürfen Sie schreien, rufen und poltern, so laut Sie möchten. Boxen Sie abwechselnd mit Ihrer rechten und linken Faust und Ihrem rechten und linken Bein. Durch diese Über-Kreuz-Bewegungen können Sie die Leistung Ihrer Zellen im Gehirn äußerst effektiv steigern. Nach fünf Minuten haben Sie nicht nur das lernhemmende Adrenalin abgebaut, sondern sind auch Ihre Aggressionen losgeworden.

Am Theater habe ich einmal mit großem Erstaunen erlebt, wie ein einfacher Punchingball, der in einem Stück als Requisit diente, zum emotionalen Regulator wurde, wodurch sich das Arbeitsklima sehr entspannte. Daher schlug ich einer Firma vor, einen solchen Sandsack zum Boxen in den neu eingerichteten Fitnessraum zu stellen. Man hatte mich engagiert, um burn-out-gefährdete Manager mit Entspannungsmöglichkeiten vertraut zu machen. Die Wirkung war verblüffend: Nach drei Wochen hatte sich das Betriebsklima spürbar verbessert, und die Firmenleitung sprach von einer Leistungssteigerung. Nachfragen ergaben, dass der Ball recht oft genutzt wurde. Die Mitarbeiter lächelten verlegen, denn sie hatten nicht geahnt, dass sie über so viel Aggressionspotenzial verfügten. Auch erstaunlich viele Frauen nutzten diese Gelegenheit, schnell mal zwischendurch etwas von ihrem Ärger abzubauen.

Ich selbst ziehe die Arbeit mit dem imaginären Punchingball vor. Dabei kann ich mich besser auf meine Über-Kreuz-Bewegungen konzentrieren, und es tut nicht weh. Probieren Sie aus, was Ihnen besser liegt.

Wenn Sie beim Lernen und Zuhören nur mit Ihrer linken Gehirn-hälfte arbeiten, Sie also ausschließlich analytisch, sachlich und ratio-nal an Ihr Thema herangehen, machen Sie es Ihrem Gehirn schwer, Zusammenhänge zu erkennen und Inhalte so abzuspeichern, dass sie abrufbar sind. Durch Über-Kreuz-Bewegungen regen Sie auch Ihre rechte Gehirnhälfte dazu an, das Thema mitzubearbeiten. Diese Seite Ihres Gehirns ist zuständig für die intuitiven, spontanen, rhythmi-schen und expressiven Aspekte jeden Inputs. Wenn beide gut zusam-menarbeiten, sind Körper und Gehirn im Gleichgewicht und Sie gewinnen eine ganzheitliche Weltsicht. Dadurch erkennen Sie die Bedeutung, die jede Information beinhaltet, und sind in der Lage, die richtigen Schlüsse zu ziehen. Lernen und Konzentration fällt Ihnen dann leicht. Ihr Thema wird lebendig für Sie. Bei Stress sind Ihre bei-den Gehirnhälften nicht mehr aufeinander abgestimmt. Durch Über-Kreuz-Bewegungen können Sie sie wieder zu einer guten Zusammen-arbeit anregen.

Die Wirkung dieser Übungen hält so lange vor, bis der nächste Stress-auslöser Sie aus dem Gleichgewicht bringt. Machen Sie dann am bes-ten gleich wieder einige Über-Kreuz-Bewegungen, um emotionaler und mentaler Anspannung vorzubeugen.

Übrigens verhindern Sie damit auch sehr wirkungsvoll jede Art von Blackouts.

Schuhplatteln  26

Krabbeln und Boxen liegen Ihnen leider gar nicht? Dann versuchen Sie es doch einmal mit der folgenden Übung: Heben Sie Ihr rechtes Knie und berühren Sie es mit der linken Hand. Heben Sie dann Ihr linkes Knie und berühren Sie es mit der rechten Hand – entweder

Wiederholen Sie die Übung einige Male.

langsam wie in Trance oder leicht und schnell wie bei einem volkstümlichen Tanz. Sie dürfen dabei auch hüpfen!

Die Effektivität können Sie erhöhen, wenn Sie die Übung zwischendurch auch einmal „falsch" machen:

„Schuhplatteln" Sie siebenmal über Kreuz, dann siebenmal mit der jeweils gleichen Seite, dann nochmal siebenmal über Kreuz. Das ist Gymnastik für Ihr Gehirn. Dadurch erhält es die Chance, „richtig" und „falsch" zu unterscheiden und sich bewusst für die richtige Verbindung der Nervenzellen zu entscheiden. Machen Sie diese Übung zweimal täglich. Sie können die Bewegungen auch mit Musik ausführen. Noch wirkungsvoller wird die Übung, wenn Sie dabei das Alphabet aufsagen oder – für Fortgeschrittene – ein Lied singen. Gesang besteht aus Sprache und Klang und verbindet dadurch beide Gehirn-hälften effektiv und auf angenehme Weise. Gut geeignet ist die Übung auch auf Parkplätzen während langer Reisen mit dem Auto oder in einer stillen Ecke hinter dem Gebäude, in dem Sie arbeiten, in der Mittagspause – ohne Gesang.

Wenn Sie gelenkig sind, können Sie auch Ihre Fußsohlen über Kreuz berühren oder zur Abwechslung hinter dem Rücken „schuhplat-teln" – natürlich ebenfalls über Kreuz.

Diese Übung kann sehr viel Spaß machen.

Diese Bewegung sollten Sie ganz locker ausführen.

Machen Sie diese Übung mit viel Freude.

Oder Sie heben den linken Arm zum Himmel und strecken gleichzeitig Ihr rechtes Bein zur Seite – dann umgekehrt, in raschem Wechsel.

Sie können auch das rechte Bein diagonal nach links vorne kicken und gleichzeitig Ihren linken Arm in die Luft strecken – oder nach oben, zur Seite oder nach vorne – und dann umgekehrt. Durch das Über-Kreuz-Muster entstehen jedes Mal kleine Tanzbewegungen, die Ihr Gehirn auf Trab bringen.

Kreuz-Blicke  27

Ihre beiden Gehirnhälften können Sie auch durch Ihren Blick miteinander vernetzen. Wenn Sie dazu noch Stirn und Hinterkopf halten,
sorgen Sie zudem für eine mühelose Kommunikation zwischen Ihren
vorderen und hinteren Gehirnpartien.

Ganz unauffällig lässt sich folgende Übung am Schreibtisch machen.
Sie halten Stirn und Hinterkopf wie in der Übung *Stirn-Hinterkopf-
Halten* im SOS-Programm und blicken dabei in folgende Richtungen:

- Siebenmal: links unten – rechts oben, dann rechts unten – links
  oben
- Siebenmal: gerade nach oben, dann gerade nach unten
- Siebenmal: links unten – rechts oben, dann rechts unten – links
  oben
- Siebenmal: gerade nach oben, dann gerade nach unten
- Siebenmal: links unten – rechts oben, dann rechts unten – links
  oben

Blick nach links oben.

Blick nach rechts unten

Zu dieser Übung gibt es eine interessante Variante, die Sie mit einem Partner machen können:

- Blicken Sie bewusst mit Ihrem rechten Auge in die linke − von Ihnen aus gesehen rechte − Pupille Ihres Partners. Halten Sie den Blick 30 Sekunden lang aus. Ihr linkes Auge bleibt dabei offen.
- Dann wechseln Sie: Blicken Sie nun mit Ihrem linken Auge in die von Ihnen aus gesehen linke Pupille Ihres Partners.
- Führen Sie diese Übung konzentriert und mit großer innerer Leichtigkeit aus.
- Wiederholen Sie diese einminütige Einheit noch achtmal.

Vorsicht: Diese Übung kann eine Freundschaft entschieden verbessern! Wenn man dem Volksmund glaubt, dass die Augen der Spiegel der Seele sind, leuchtet das ein. Beide Partner lassen einen sehr intimen Austausch ihrer Persönlichkeit zu, indem sie den Blick des anderen (aus)halten.

Die zweite Variante der Entspannung durch den Blick können Sie allein üben. Stellen oder setzen Sie sich vor einen Spiegel. Blicken Sie bewusst mit Ihrem rechten Auge in Ihre eigene Pupille im Spiegel. Das ist die von Ihnen aus gesehen rechte. Auch hierbei bleibt Ihr linkes Auge offen. Nach ungefähr 30 Sekunden atmen Sie tief aus und wieder ein und wechseln die Seite.

Auch diese einminütige Übung sollten Sie achtmal wiederholen, damit Ihr Gehirn wieder in die Gänge kommt. Spüren Sie nach, auf welche Weise Sie dieser Blick in den Spiegel mental erfrischt hat. Interessanterweise wertet ihn Ihr Gehirn ebenfalls als Über-Kreuz-Muster.

Die liegende Acht

Die wohl effektivste Übung, um schnell wieder einen klaren Kopf zu bekommen, dürfte die liegende Acht sein – nicht nur für mich persönlich. Auch in meinen Seminaren stelle ich immer wieder fest, dass sie bei nahezu allen Teilnehmern wie eine erfrischende Dusche wirkt. Die Aufmerksamkeit ist danach deutlich erhöht, der Umgang miteinander entspannt und freundlich. Probieren Sie die folgenden vier Varianten aus:

Die liegende Acht: Dreieck  28

Sie können die Übung im Stehen und im Sitzen ausführen. Strecken Sie Ihre Arme in Augenhöhe vor sich aus und legen Sie die Hände so übereinander, dass Sie durch ein Dreieck blicken, das Ihre Daumen unten begrenzen. Lassen Sie die Arme gestreckt und malen Sie eine liegende Acht in die Luft. Beginnen Sie in der Mitte, bewegen Sie die Arme nach links oben, führen Sie sie dann nach links unten, zurück in die Mitte, dann nach rechts oben, rechts unten und wieder zurück zur Mitte. Dabei blicken Sie die ganze Zeit durch das Dreieck, bewegen Ihren Kopf aber nicht. Nur Ihre Augen wandern mit dem Dreieck. Malen Sie auf diese Weise mindestens zwölf Achten in die Luft, gleichmäßig und fließend.

Blick nach links oben.

Blick nach links unten.

Blick nach rechts oben.

Blick nach rechts unten.

Die liegende Acht: Schwert  29

Sind Sie gerade ein wenig aggressiv, variieren Sie diese Übung: Stellen Sie sich vor, Sie zeichnen die Acht wie Zorro mit einem Schwert in die Luft. Aber bitte beidhändig.

Startposition mit Blick in der Mitte.

Die liegende Acht: Faul

Die liegende Acht eignet sich auch hervorragend, um abends, wenn Sie schon im Bett liegen, noch einmal Ihre Gehirnhälften zu vernetzen und die Augen zu entspannen. Danach kann Ihr Gehirn die Ablagearbeit, die es während bestimmter Schlafphasen erledigt, mühelos bewältigen.

Diesmal brauchen Sie Ihre Arme nicht. Malen Sie einfach nur mit Ihren Augen eine liegende Acht an die Zimmerdecke. Mit etwas Übung gelingt Ihnen das sogar mit geschlossenen Augen. Ihr Kopf bewegt sich dabei nicht. Natürlich können Sie die Achten auch im Sitzen, Stehen und beim Gehen ausführen – dann jedoch mit offenen Augen.

Die liegende Acht: Zeichnen  30

Die letzte Variante der liegenden Acht macht auch am Schreibtisch Spaß: Nehmen Sie in jede Hand einen bunten Stift und malen Sie jede Menge liegender Achten auf ein großes Blatt Papier. Das eignet sich auch sehr gut für Kinder während der Hausaugaben. Es gibt kaum eine bessere Übung gegen Lese- und Schreibschwäche. Buchstaben nehmen wir im virtuellen Feld nämlich wie einen Teil einer liegenden Acht wahr. Das Schreiben und das Erfassen von Texten fällt deutlich leichter, nachdem Sie 40 bis 50 Achten gezeichnet haben.

Zeichen Sie Achten wie ein Kind.

Schmetterling

Malen Sie gern? Dann nehmen Sie in jede Hand einen Stift, ziehen Sie
eine senkrechte Mittellinie auf ein Blatt Papier und malen Sie die gleichen Kreise, Punkte, Linien und Anderes spiegelverkehrt auf die beiden Seiten. Ganz einfach sind Schmetterlinge und Käfer. Diese Übung
ist hervorragend geeignet, Ihr Gehirn in Topform zu bringen.

Füße halten

Dass Sie bei ganz normalem Sitzen auch etwas für die Verbindung
Ihrer beiden Gehirnhälften tun können, hätten Sie sicher nicht gedacht. Setzen Sie sich auf den Boden oder das Sofa und halten Sie Ihren
rechten Fuß mit der linken Hand und anschließend umgekehrt. Es ist
dabei egal, ob Sie im Schneidersitz oder mit übereinandergeschlage-

Genießen Sie diese Haltung.

nen Beinen auf einem Stuhl sitzen. Diese Haltung lässt sich gut mit Lesen oder Fernsehen kombinieren. Sie kann eine sehr wohltuende Wirkung haben und hilft auch gegen Kopfschmerzen. Eine Variante, die noch ein wenig wirkungsvoller ist, sehen Sie auf dem Foto.

Ohren-Nabel  31

Ist Ihnen ein wenig schwindlig von all dem Input, den Sie gerade aufgenommen haben? Dann sollten Sie sich kräftig hinter dem Ohr reiben, während Sie die zweite Hand auf Ihren Nabel legen. Wechseln Sie die Hände, so oft Sie möchten. Auch das ist eine Über-Kreuz-Bewegung. Übrigens machen Sie auch Über-Kreuz-Bewegungen beim Spazierengehen. Sie müssen dabei nicht mit Armen und Beinen die Mittellinie Ihres Körpers kreuzen. Das Gehirn wertet ganz normales Gehen als Über-Kreuz-Bewegung.

Reiben Sie sich kräftig hinter dem Ohr.

Craniosacrale Energie

Möglicherweise hat Ihr Mangel an Konzentration auch eine andere Ursache als die mangelnde Vernetzung Ihrer Gehirnbereiche und des Gehirns mit dem Körper: Probieren Sie doch mal Folgendes aus.

Ohren  32

Haben Sie so viel hören müssen, Positives oder Negatives, dass Sie nun nichts mehr aufnehmen können? Dann legen Sie doch Ihre Finger geschlossen in die große Mulde hinter Ihren Ohren und warten Sie, bis ein gleichmäßiger Puls spürbar ist. Der Daumen hat dabei Urlaub.

Halten Sie diesen Griff einige Minuten lang.

Augen  32

Eine vergleichbare Korrektur können Sie machen, wenn Sie zu viel gesehen haben und daher nicht mehr aufnahmefähig sind: Legen Sie Ihre Finger – mit Ausnahme der Daumen – auf Ihre Stirn oberhalb Ihrer Augenbrauen, schließen Sie die Augen, wenn Sie mögen, und warten Sie, bis Sie einen gleichmäßigen Puls fühlen können. Das geht bequem am Schreibtisch mit aufgestützten Ellenbogen.

Dieser Puls, den Sie bei diesen Übungen spüren, hat übrigens nichts mit dem an Ihrem Handgelenk zu tun, der unter anderem über Ihre Herztätigkeit Aufschluss gibt. Hier handelt es sich um einen simplen Hautpuls – eine Aktivität der kleinen Kapillargefäße unter der Haut. Schlägt dieser Puls gleichmäßig, sind Sie gut durchblutet, und Ihr Gehirn ist sehr aufnahmefähig.

Lassen Sie Ihren Atem bei dieser Übung ganz ruhig werden.

Die Craniolsacrale Osteopathie ist eine körperorientierte Behandlungsmethode, die unterschiedliche Therapiekonzepte ganzheitlich verbindet. Eine Sitzung bei einem Kinesiologen, Osteopathen oder Heilpraktiker, der die Craniosacral-Therapie beherrscht, sorgt mit Sicherheit für eine bessere Konzentration und steigert Ihre mentale Leistungsfähigkeit. Bei Stress verschieben sich nämlich oft die Schädelplatten und blockieren dadurch die Gehirnströme, die Sie im Übrigen mit Ihren Fingerkuppen selbst spüren können, wenn Sie die Fingerspitzen sanft an den Kopf legen. Ein erfahrener Therapeut bringt Ihren Schädel wieder in Ordnung. Es kann geschehen, dass man nach einer solchen Sitzung plötzlich wieder besser sieht und hört, der Kopf fühlt sich wunderbar klar an – lernbereit, aufnahmefähig.

Besonders anfällig für diese Art der Konzentrationsstörung, die sich mithilfe der Craniosacral-Therapie ausgleichen lässt, könnten Sie sein, wenn Sie früher einmal eine Gehirnerschütterung oder ein Schleudertrauma als Folge eines Unfalls hatten.

Die Ohren öffnen

Über Ihre Ohren nehmen Sie sehr viel Input auf. Wenn Sie die Region um Ihre Ohren entspannen, kann das Ihre Konzentration erheblich verbessern. Bei Stress können Ihre Ohren nämlich „abgestellt" sein: Sie haben auf Durchzug geschaltet, die Informationen gehen zum einen Ohr hinein und zum anderen gleich wieder hinaus. Ihr Gehirn kann dann natürlich nichts aufnehmen. Das kann eine unbewusste Angewohnheit aus Kindertagen oder einer anderen Lebensphase sein, in der Sie vielleicht oft angeschrien wurden oder zu viel Negatives hören mussten. Damals hat sich Ihr Körper aus Selbstschutz angewöhnt, die Ohren zu verschließen, und setzt heute beinahe vollautomatisch diesen Reflex ein, wenn Sie unter zu viel Anspannung stehen.

Zwei Ohrenübungen zum Stimulieren Ihres Gehirns haben Sie bereits kennengelernt: das Ohrläppchen-Massieren, das Sie nicht nur beim Autofahren wach halten soll (s. Kapitel *Das SOS-Programm für Ungeduldige*), und die Ohren-Nabel-Über-Kreuz-Bewegung in diesem Kapitel.

Nicht über Kreuz, aber dennoch sehr effektiv, sind die

Elefantenohren  33

Den Ohren ist ein wichtiger Bereich in Ihrem Gehirn zugeordnet. Daher lässt sich die Konzentration auch leicht steigern, wenn Sie Ihre Ohren liebevoll massieren: Zuerst innen um die Öffnung zum Gehörgang herum, dann streichen Sie die Ohren liebevoll nach außen hin aus und ziehen die Ohrränder sanft glatt, sodass ganz kurz Elefanten-

Genießen Sie diese Ohrenmassage.

ohren entstehen. Das können Sie zeitsparend auch morgens unter der Dusche machen.

Drehen Sie bei Ihrer Ohrenmassage den Kopf langsam und gleichmäßig nach links und nach rechts. Zuhören und jede Art verbaler Kommunikation wird Ihnen danach leichterfallen.

Eustachi-Balance

Hierbei geht es um Störungen der Nase, die die Gehirnaktivität beeinträchtigen. Die eustachische Röhre ist etwa drei bis vier Zentimeter lang, verbindet die Paukenhöhle mit dem Nasen-Rachen-Raum und belüftet diesen von außen. Über diese Verbindung findet auch der Druckausgleich zwischen Mittelohr und Nasen-Rachen-Raum statt. Dieser Vorgang ist beim Tauchen oder Fliegen besonders wichtig. Bei Stress ist dieser Druckausgleich oft nur eingeschränkt möglich.

Wenn sich zu Ihrer mangelnden Konzentration ein Gefühl der Betäubung einstellt, probieren Sie doch einmal die Eustachi-Balance aus. Danach sind Sie oft plötzlich wieder in der Lage, flexibel und kreativ mit Ihrer Situation umzugehen und neue Wege und Lösungen zu erkennen.

- Legen Sie Ihre Finger leicht auf die Nasenflügel und streichen Sie dann sanft unterhalb der Wangenknochen zur Ohröffnung über Ihre Haut. „Bearbeiten" Sie zunächst nur eine Seite.
- Streichen Sie dann vom gleichen Nasenflügel ausgehend oberhalb des Wangenknochens, oben und dann hinten um die Ohrmuschel herum nach unten und weiter über den Hals bis zum Schlüsselbein.
- Massieren Sie dann ca. zehn Sekunden leicht Ihr Schlüsselbein, direkt auf dem Knochen.

Führen Sie die Bewegungen mit der anderen Hand auf der zweiten Seite aus und wiederholen Sie dann alles viermal.

Es kann angenehm sein, die Bewegungen als Über-Kreuz-Aktion aus-zuführen: Dann streicheln Sie Ihre linke Gesichtshälfte mit den Fin-gern der rechten Hand und umgekehrt.

Sie berühren die Haut beim Streicheln dabei kaum. Auf keinen Fall verschieben Sie sie auf dem Weg durch Ihr Gesicht.

Wenn Sie hohe Wangenknochen haben, können Sie beim zweiten Teil dieser dreigliedrigen Übung auch über diese Partie streichen. Neh-men Sie den direkten Weg zum oberen Ohransatz.

Ganzheitlich denken – mit beiden Gehirnhälften

Bei großer Anspannung wird vermehrt Adrenalin ausgeschüttet. Dieses Hormon bewirkt, dass sich die Blutzirkulation vom Vorder-hirn zurückzieht und sich auf die Bereiche im Hinterhirn und in den Schläfenlappen konzentriert, die für das körperliche Überleben zuständig sind. Bewusst assoziierendes Denken, das im Vorderhirn stattfinden sollte, ist jetzt blockiert. Man ist in eigenen Verhaltens-mustern gefangen, die entscheiden, was Priorität hat – aufgrund der emotionalen Erfahrungen, die wir in unserem Leben gemacht haben. In diesem Glaubenssystem dominieren Angst vor Schmerz und Ängste vor allem, was uns nicht gutgetan hat. Es begrenzt uns – zu unse-rem eigenen Besten. Wer sich einmal an einer heißen Herdplatte ver-brannt hat, braucht diese Erfahrung kein zweites Mal.

Doch nicht immer geht es um heiße Herdplatten. Oft ist es wichtig für uns, Neues auszuprobieren, für unbekannte Impulse offen zu sein und Lösungen auf anderen Ebenen zu suchen. Dieser Freiheit beraubt uns das Denken, wenn es unter Stress steht.

Denn bei nervlicher Anspannung ist die linke Gehirnhälfte dominant. Sie ignoriert die Botschaften, die von der rechten ausgesandt werden und neue Lösungen anbietet. Sie greift ausschließlich auf Erfahrenes und unter „persönlicher Erfahrung" im Gehirn Abgelegtes zurück. Daneben lässt sie noch kollektive Überlebensmuster zu. Doch sie blockiert die rechte Gehirnhälfte dabei, neue, kreative Lösungsmöglichkeiten zu finden, indem sie verschiedene Möglichkeiten ausprobiert.

Wenn Sie längere Zeit in diesem angespannten Zustand bleiben, verliert die rechte Gehirnhälfte die Fähigkeit, nach positiven Alternativen zu suchen.

Dann wird es Zeit, dass Sie Ihre ganzheitliche Wahrnehmung ein wenig trainieren. Am besten, Sie machen diese Übung gleich, bevor Sie unter Stress so blockiert sind, dass Sie gar nicht auf die Idee kommen, dieses Buch zur Hand zu nehmen.

Ganzheitliche Wahrnehmung

Setzen Sie sich aufrecht auf einen Stuhl in die Mitte eines Raums. Schließen Sie die Augen.

- Wo sind Sie jetzt mit Ihrer Aufmerksamkeit? Vermutlich bei Ihren Gedanken, Ihrem Wertesystem, Ihrem Intellekt.
- Lassen Sie nun Ihre Aufmerksamkeit langsam in den Hals gleiten. Konzentrieren Sie sich nur auf diese Körperpartie, außen und innen.

- Dann lenken Sie Ihre Aufmerksamkeit in Ihr Herz. Spüren Sie, in welchem Rhythmus es schlägt. Bleiben Sie ein paar Minuten bei Ihrem Herzen. Lernen Sie es kennen.
- Wenn Sie es deutlich spüren, schicken Sie Ihre Aufmerksamkeit noch tiefer: in die Nabelgegend. Verweilen Sie auch hier einige Minuten. Sie brauchen Zeit für eine klare und deutliche Wahrnehmung.
- Dann lassen Sie Ihre Aufmerksamkeit in die Region unterhalb Ihres Nabels wandern. Atmen Sie tief in Ihren unteren Bauch und Rücken – so lange, bis Ihr Unterleib warm wird.
- Öffnen Sie jetzt die Augen. Blicken Sie sich um. Bleiben Sie gleichzeitig mit Ihrer Aufmerksamkeit im Bauchraum. Blicken Sie nach rechts, dann nach links und nehmen Sie wahr, ob und wie Ihre Umgebung sich verändert hat. Stehen Sie auf und gehen Sie einige Schritte. Setzen Sie sich wieder. Ihr Bewusstsein und Ihre Aufmerksamkeit bleiben dabei immer im Unterleib. Trainieren Sie, von dort aus wahrzunehmen. Das mag Ihnen etwas diffuser als Ihre gewohnte punktuell-visuelle Wahrnehmung erscheinen, doch es ist die ganzheitlichere. Ihr Gehirn kann mit diesem Ansatz sehr viel mehr anfangen.

Blicken Sie nun auf einen Punkt an der gegenüberliegenden Wand und lenken Sie Ihre Aufmerksamkeit gleichzeitig in den Boden unter Ihren Füßen. Wenn Sie das Gefühl haben, dass es Ihnen gut gelingt, mit den Augen den Punkt an der Wand zu fixieren und *gleichzeitig* die Aufmerksamkeit bei den Füßen zu lassen, beginnen Sie langsam, Ihre Aufmerksamkeit auf andere Dinge zu richten:

Blicken Sie weiterhin auf die Wand vor Ihnen und richten Sie gleichzeitig Ihre Aufmerksamkeit auf die Wand, die sich links von Ihnen befindet – auch, wenn Sie nicht dorthinblicken.

Blicken Sie auf die vordere Wand und richten Sie gleichzeitig Ihre Aufmerksamkeit auf die rechte Wand, nach einer gewissen Zeit auf die Wand hinter Ihnen und nun auf den Raum über Ihnen. Bleiben Sie mit Ihrer Aufmerksamkeit immer bei der Wand vor Ihnen und gleichzeitig auf einer der oben aufgeführten Wände.

Halten Sie die Augen jetzt wieder auf die vordere Wand gerichtet und lenken Sie die Aufmerksamkeit gleichzeitig auf sich selbst: auf die Knochen in Ihrem Körper – auf Ihr Skelett.

Nun teilen Sie die Aufmerksamkeit zwischen der vorderen und hinteren Wand, dann zwischen der rechten und linken Wand und schließlich zwischen Fußboden und Zimmerdecke. Bleiben Sie dabei gleichzeitig bei der Wahrnehmung Ihres Skeletts.

Jetzt teilen Sie Ihre Aufmerksamkeit zwischen der vorderen, der hinteren, der rechten und der linken Wand. Nun spüren Sie den Raum um sich herum. Dadurch trainieren Sie Ihre räumliche Wahrnehmung, wodurch große Gehirnbereiche aktiviert werden.

Zum Abschluss reduzieren Sie die Anstrengung, mit der Sie Ihre Aufmerksamkeit auf Ihre Außenwelt richten.

Reduzieren Sie sie noch mehr. Beenden Sie die Übung, indem Sie Ihre Aufmerksamkeit von den Knochen lösen und nochmals tief in den Bauchraum, unterhalb Ihres Bauchnabels, lenken. Lassen Sie Ihre mentale Energie dort zur Ruhe kommen.

Freuen Sie sich über den natürlichen Zustand der Leichtigkeit und Wachheit, in dem Sie sich nun befinden. Auch während der unterschiedlichen Anforderungen Ihres beruflichen Alltags sollte dies Ihr angestrebter Zustand sein. Und umso mehr natürlich auch bei Ihrer privaten Kommunikation.

Präsenzübungen  35

Sind Sie mit den Gedanken nicht ganz bei der Sache? Dann verleugnen Sie laut Kinesiologie gerade ein wenig die Gegenwart. Sie sind nicht ganz „da". Das ist der typische Zustand, wenn man verliebt ist. Leider auch, wenn man sich viel lieber mit anderen Dingen beschäftigen möchte, als mit denen, auf die man sich konzentrieren sollte. Wenn das im Moment auf Sie zutrifft, könnten Sie sich zurücklehnen und Ihre Motivation hinterfragen. Sie können sich jedoch auch mit einer einfachen Übung, die die Kinesiologie für solche Situationen entwickelt hat, schnell und effektiv selbst helfen:

Rubbeln  35

Legen Sie die linke Hand auf den Nabel und rubbeln Sie mit der rechten Hand die beiden Kuhlen zwischen Schlüsselbein und Brustbein. Dabei massiert Ihr rechter Daumen die rechte Kuhle, Zeige- und Mittelfinger zusammen die linke. Nach ca. 30 Sekunden wechseln Sie die Hände.

Dann legen Sie wieder die linke Hand auf den Nabel und rubbeln mit der rechten oberhalb und unterhalb der Lippen. Rechter Zeige- und Mittelfinger liegen zusammen und massieren die Partie zwischen Nase und Oberlippe, indem Sie die Haut „mitnehmen". Gleichzeitig massiert Ihr rechter Daumen die Partie unterhalb der Unterlippe auf die gleiche Weise, parallel zu den Lippen. Nach ca. 30 Sekunden wechseln Sie dann wieder die Hände.

Massieren Sie die Kuhle zwischen Brust- und Schlüsselbein.

Massieren Sie mit einer horizontalen Bewegung.

Für den dritten Teil der Übung liegt wieder die linke Hand auf dem Nabel, die rechte rubbelt jetzt das Steißbein. Nach ca. 30 Sekunden wechseln Sie die Hände.

Die Nabelhand bleibt bei allen drei Übungen ruhig und sanft liegen. Danach lassen Sie die Hände sinken und spüren ein wenig nach.

Mit dieser Übung verbinden Sie beim ersten Teil Ihre beiden Gehirnhälften. Sie rubbeln die *Gehirnknöpfe*, wie man die Endpunkte des Nierenmeridians in der Kinesiologie nennt. Die Stimulierung dieser beiden Punkte bewirkt, dass die Ausschüttung der Neurotransmitter, der Botenstoffe, an die Synapsen im Gehirn reguliert wird. Die Nieren

Massieren Sie mit einer vertikalen Bewegung.

sind nach der traditionellen chinesischen Medizin übrigens das Energiereservoir des Körpers. Akupunktur und Bewegungstechniken wie Tai-Chi und Qigong zielen immer darauf ab, den Nieren ausreichend Energie zur Verfügung zu stellen. Sie gleichen damit auch die Energie Ihrer beiden Körperseiten aus, die mit den Gehirnhälften korrespondieren – allerdings über Kreuz.

Beim zweiten Teil dieser Übung verbinden Sie oben und unten – einfach ausgedrückt Gehirn und Körper. Sie sorgen damit auch für eine Zentrierung der körpereigenen Energie, was Ihrem Kopf eine schnellere Blutversorgung sichert. Wenn Sie beim dritten Teil der Übung Nabel und Steißbein gleichzeitig stimulieren, unterstützen Sie damit die Zufuhr von Blut und Zerebrospinalflüssigkeit zum Gehirn. Beides ist für Ihre Gehirnfunktionen wichtig.

Stressauflösungstechniken

Sind Sie sehr angespannt? Können Sie zurzeit auch während Ihrer Freizeit schlecht abschalten? Fällt es Ihnen schwerer als sonst, sich auf Ihre Aufgaben zu konzentrieren? Der Grund dafür könnte eine emotionale Belastung sein. Häufiger, als wir uns bewusst machen, blockieren unverarbeitete Gefühle die Konzentrationsfähigkeit.

Die Kinesiologie hat sehr wirksame Techniken entwickelt, seelischen Stress zu reduzieren. Sie basieren darauf, alle Verknüpfungen in Ihrem Gehirn, die mit Ihrem aktuellen Problem beschäftigt sind, zu aktivieren. Das können Sie leicht durch Ihre Vorstellungskraft. Sie lernen, durch geeignete Fragen „an Ihre Sinne" die entsprechenden Gedanken und Gefühle „hochkommen" zu lassen: Die belastende Situation wird für Sie präsent. Daraufhin konstruieren Sie ein positives Gegenbild, durch das Sie die negative Erfahrung ersetzen. Dieses Bild assoziieren Sie wiederum mit Sinneseindrücken, damit es Eingang in Ihr Langzeitgedächtnis findet. Die Wirkung ist oft verblüffend.

Es ist ein einfacher und wirkungsvoller Weg, der Körper und Gehirn verbindet. Sie nutzen dabei alle Erfahrungen, die in Ihren Körperzellen als Informationen abgespeichert sind. Das Ziel ist hierbei, zu erkennen, dass Sie immer die Wahl zwischen mehreren Möglichkeiten haben. Unter Stress ist der Fokus stark eingeengt, man sieht die Welt mit Tunnelblick. Die nun folgenden Techniken haben das Ziel, Ihnen zu ermöglichen, Herausforderungen und Problemen wieder mit „normalem" Blick zu begegnen. Dadurch werden Sie gelassener und finden leichter Lösungen auch auf anderen Ebenen. Eingeengte Wahrnehmung verhindert eine gute Konzentration.

Stirn-Hinterkopf-Halten

Wenn Sie das SOS-Programm ausprobiert haben, kennen Sie bereits das Stirn-Hinterkopf-Halten. Sie legen eine Hand auf Ihre Stirn und die andere an den Hinterkopf. Allein diese Haltung sorgt für einen entspannteren Transfer des Inputs, der in Ihrem Stirnlappen gefiltert wird, zu den vielen anderen Regionen Ihres Gehirns, in denen die neue Information assoziativ verbunden und in verschiedenen Systemen abgelegt wird. Das Stirn-Hinterkopf-Halten verschafft Ihnen umgehend einen klaren Kopf, sollte dieser im Stressnebel gefangen sein. Atmen Sie dabei ruhig und gleichmäßig.

Die Hand am Hinterkopf regt Ihr Gehirn an, Bilder zu produzieren – ein wichtiger Vorgang des Denkens, der sinnliche Verknüpfungen entstehen lässt, wodurch Informationen mühelos abrufbar sind.

Nutzen Sie diese Tatsache, um Ihre Stressfaktoren nachhaltig zu eliminieren: Schaffen Sie neue Bilder und verankern Sie diese durch Sinneseindrücke.

Neuer Rahmen

Auf den Blickwinkel kommt es an, wenn Sie Stress effektiv auflösen möchten. Die Größe des Stress auslösenden Faktors lässt sich nämlich nicht messen noch ist sie relevant für die Wirkung auf Ihre emotionale Verfassung. Eine verblüffend einfache Technik, um den Blickwinkel zu verändern, ist folgende:

- Sehen Sie die Situation, die Ihnen Stress bereitet, vor sich. Lassen Sie sich Zeit dafür. Das Bild sollte Ihnen sehr deutlich vor Augen stehen. Stellen Sie dazu Ihren Sinnen Fragen, genauer: dem Erinnerungsvermögen Ihrer Sinne. Denn jede Erfahrung, die Sie gemacht haben, ist nicht nur in Ihrem Gehirn, sondern auch in Ihren Körperzellen gespeichert.

Fragen Sie: Wie sieht es in dem Raum, in dem Ihre „Stresssituation" stattfindet, aus? Wo ist Licht und wo Schatten? Welche Möbel stehen da? Wie weit ist die Tür/das Fenster von mir entfernt? Welche Menschen befinden sich in diesem Raum? Wie weit sind sie von mir entfernt? Wie bewegen sie sich? Was hören Sie? Im Zimmer, im Gebäude, auf der Straße? Wie riecht es in diesem Raum? Welche Temperatur spüren Sie auf Gesicht und Händen? Wie fühlt sich der Boden unter Ihren Füßen an? Wie ist Ihre Körperhaltung? Wie sehen die Augen/der Mund der anderen aus, wenn sie sprechen, Sie anblicken, lächeln oder schweigen?

- Wenn das Bild klar vor Ihren Augen steht, rahmen Sie es.
- Jetzt konzentrieren Sie sich ausschließlich auf den Rahmen und verändern diesen: Vergrößern oder verkleinern Sie ihn, geben Sie ihm eine andere Farbe oder wählen Sie ein anderes Material. Werfen Sie dann wieder einen Blick auf das Stressbild. Hat es sich verändert? Werten Sie nicht, ob und was sich verändert hat. Nehmen Sie es nur wahr. Wenden Sie Ihre Aufmerksamkeit dann wieder von diesem Bild ab.
- Wählen Sie einen neuen Rahmen in Ihrer Lieblingsfarbe oder einer Farbe, die Ihnen jetzt, in diesem Moment, guttut. Betrachten Sie ihn. Nur den Rahmen, ohne jeden anderen Gedanken.
- Gehen Sie in Ihrer Erinnerung bis zu dem Zeitpunkt zurück, kurz bevor Ihr Stress begann. Blicken Sie dann auf den schönen neuen Rahmen und füllen Sie ihn so aus, dass die gesamte Situation für Sie befriedigend ist. Oder besser noch: Malen Sie die vollkommenste, erfüllendste Situation, die für Sie den Vorgaben entsprechend denkbar ist.

- Konstruieren Sie nicht gleich das ganze Bild. Füllen Sie den Rahmen Stück für Stück mit angenehmen, sinnlich erfahrbaren Details aus. Hilfreich hierfür sind folgende Fragen, die Sie sich stellen können:
  - Was würden Sie jetzt gern sehen? Was hören? Was fühlen und riechen?
  - Welche Person hätten Sie gern dabei?
  - Was würde sich dadurch verändern?
  - Welche Fähigkeit hätten Sie gern, um die Situation zu vervollkommnen? Wie fühlt sich Ihr Körper an, wenn Sie diese Fähigkeit ausleben?
- Gestalten Sie Ihr neues Bild mit so vielen Sinneseindrücken und Gefühlen wie möglich. Lassen Sie sich Zeit dafür. Sie sollten sich genauso fühlen, wie Sie sich in Ihrem neugerahmten Bild erlebt haben.
- Lassen Sie Ihre Augen dann eine liegende Acht beschreiben. Das haben Sie ja bereits trainiert. Damit programmieren Sie dieses positive Bild in Ihr Gehirn ein. Sie haben damit tatsächlich Ihre Vergangenheit verändert. Das Gehirn kann nämlich nicht unterscheiden, ob etwas wirklich passiert ist oder Sie es sich nur vorgestellt haben. Stress und Anspannung dürfen einem gelösten, heiteren Gefühl weichen. Der Tunnelblick löst sich auf. Sie haben jetzt wieder vollen Überblick und sind frei in Ihrem Handeln. Statt sich von unangenehmen Gedanken und Erinnerungen Ihre Energie rauben zu lassen, haben Sie eine neue Quelle der Kraft geschaffen.

Das Stirn-Hinterkopf-Halten lässt sich sehr gut mit dieser und allen folgenden Techniken verbinden. Diese Haltung schafft die ideale Voraussetzung für gedankliche Beruhigung, bildhafte Vorstellung und die Bereitschaft, Stress und Schwierigkeiten auf ein normales Maß zu reduzieren.

Luftballon

Stress und Sorgen können Sie auch leicht auflösen, indem Sie sich vorstellen, dass Ihre Anspannung, Ihre Befürchtungen, die verletzenden Worte anderer, unangenehme Dinge und Erlebnisse in einen Luftballon hineinströmen und diesen füllen. Warten Sie ab, bis wirklich alles drin ist. Binden Sie ihn dann gut zu. Lassen Sie ihn hoch in die Luft fliegen. Und wenn er vor dem blauen Hintergrund des Himmels schwebt, stellen Sie sich vor, dass er mit einem großen Knall explodiert. Sie können ihn auch ganz bewusst per Fernbedienung detonieren lassen. Das kann Stressauflösung mit Genuss bedeuten.

Schuhschachtel

Eine Variante dieser Technik macht Ihnen vielleicht ebenfalls Spaß: Packen Sie alle Eigenschaften der Menschen, die Ihnen seelischen Druck verursachen, in eine Schuhschachtel. Legen Sie den Deckel darauf und binden Sie in der Vorstellung eine Schnur darum. Überlegen Sie sich, wie Sie diese Schachtel am besten loswerden könnten. In die Mülltonne werfen? Verbrennen? Zurück an den Absender schicken? Darauf rumtrampeln und die Reste in einen Fluss werfen? Wählen Sie das, was Ihnen am meisten Genugtuung bietet, und leben Sie es in Ihrer Fantasie mit Lust aus. Das kann sehr wirkungsvoll sein.

Truhe

Gut gegen Widersacher: Sehen Sie den Menschen, der negative Gefühle in Ihnen ausgelöst hat, vor sich, in allen Einzelheiten. Stellen Sie eine Truhe vor ihn und malen Sie sie grau an. Dann werfen Sie alle negativen Eigenschaften des Widersachers hinein. Schließen Sie die

Truhe und fordern Sie den Stressauslöser entschieden dazu auf, die Truhe zu schultern und mit ihr von dannen zu ziehen. Es sind nämlich seine Eigenschaften, nicht Ihre. Er soll sie wieder mitnehmen. Das ist Ihr Wille. Machen Sie ihm das klar. Sie werden sehen, es funktioniert. Gedanken sind auch für andere spürbar und ihre Energie sogar physikalisch messbar. Sie können sehr viel bewirken.

Goldene Spirale

Während Sie Stirn und Hinterkopf halten, stellen Sie sich vor, dass eine goldene Spirale Sie umgibt. Sie schützt Sie vollkommen. Negatives absorbiert sie und verwandelt es in Stärke und Sicherheit. Beide Eigenschaften fließen in Sie hinein. Genießen Sie es. Diese Technik eignet sich gut, wenn mit Ihrem emotionalen Stress auch Angst gepaart ist.

Die weise Person

Halten Sie Stirn und Hinterkopf und sprechen Sie in Gedanken mit einem Ratgeber, einem weisen Menschen, dem Sie Ihre Sorgen schildern. „Hören" Sie innerlich auf seine Antworten. Allein das Formulieren und die Gewissheit, dass Ihnen diese Person zuhört, kann Probleme oft sehr effizient lösen. Mit Ihrem Mentor können Sie wochenlang reden – so lange, bis alles, was Ihnen Stress bereitet, verschwunden ist.

Der Film

Für alle, denen die Hand am Hinterkopf lebhafte Bilder beschert, ist die folgende Übung geeignet: Lassen Sie in der Vorstellung Ihre belastende Situation als Stressfilm ablaufen. Spielen Sie dann mit ihm: Manipulieren Sie ihn per Fernbedienung, lassen Sie ihn vorwärts- und rückwärts laufen, stoppen Sie ihn, schalten Sie auf Zeitlupe oder Schnellvorlauf. Wenn Sie genug davon haben, zerstören Sie den Film. Zerschnippeln Sie das imaginäre Band und verbrennen Sie es. Das vermittelt Ihnen ein Gefühl der Macht und gibt Ihnen Ihre Selbstbestimmung zurück.

Das Selbstgespräch

Halten Sie ein Selbstgespräch und sprechen Sie alles aus, was Ihnen Stress verursacht und Sorgen bereitet. Wirken Sie dem Auslöser dann entschieden entgegen: Sobald Sie bemerken, dass Sie sich in eine selbstmitleidige, weinerliche oder vorwurfsvolle Haltung hineinsteigern, sagen Sie laut und deutlich: „Stopp!"

Finden Sie einen unterstützenden Satz für Ihre Situation, zum Beispiel: „So bin ich nun mal", „Meine Gedanken sind wichtig", „Das ist meine Überzeugung", „Ich bin mir das wert", „Ich nehme mich wichtig".

Verschaffen Sie dieser Umpolung Nachhaltigkeit, indem Sie eine Bewegung oder Körperhaltung zu diesem stärkenden Satz finden. So unterstützen Sie Ihr Gehirn, den neuen positiven Satz nachhaltig und abrufbar in Ihr Gehirn einzuprogrammieren. Die entsprechende Körperhaltung wird Ihnen helfen, den kraftspendenden Satz abzurufen, wann immer Sie ihn brauchen. Diese Technik können Sie mit der liegenden Acht und Stirn-Hinterkopf-Halten noch verstärken.

Mit der liegenden Acht können Sie jedes neu geschaffene positive Bild verstärken und nachhaltig im Gehirn verankern. Sie sichern damit den Transfer ins Langzeitgedächtnis und die mühelose Abrufbarkeit des neuen positiven Inhalts.

Wenn Sie sich bewusst machen, dass sich die meisten Probleme auf unbewältigte Belastungen und Stress zurückführen lassen, erkennen Sie die zentrale Bedeutung der Stressauflösungstechniken. Integrieren Sie sie in Ihren Alltag. Dadurch gewinnen Sie an Selbstsicherheit und Unabhängigkeit. Sie können frei darüber entscheiden, worauf Sie sich konzentrieren möchten, und sind nicht mehr Sklave ungebetener Gedanken, die Sie Energie kosten und von Ihrer Arbeit abhalten. Falsch machen können Sie dabei nichts. Sie brauchen nur ein wenig Mut, um diese ungewohnten Techniken einmal auszuprobieren. Es lohnt sich!

Experimentieren Sie ein wenig mit diesen Stressauflösungstechniken. Sie werden schnell herausfinden, welche Ihnen wann helfen. Und in welcher Dosis Sie Ihnen guttun. Machen Sie sie mit Freude – wie bei einem Spiel. Nichts regt Ihre Gehirnzellen besser an.

Übrigens kann auch ein Besuch beim Augenarzt, Hals-Nasen-Ohren-Arzt, beim Orthopäden und sogar beim Zahnarzt einige Erleichterung bringen, wenn Sie Konzentrationsprobleme haben. Eine Kauschiene zum Beispiel entlastet nicht nur Ihren Kiefer, sondern auch Ihr Gehirn.

Lesen

Passiert es Ihnen manchmal, dass Sie eine Seite – seufzend – zum dritten Mal lesen, weil Sie den Inhalt noch immer nicht aufgenommen haben? Vielleicht sind Sie einfach nur müde? Nach langen Arbeitstagen sollte man nicht unbedingt von sich verlangen, abends noch viele Informationen aufzunehmen. Klappen Sie das Buch zu und gehen Sie schlafen.

Oder lesen Sie zu den falschen Zeiten? Unser Alltag unterliegt Biorhythmen. Finden Sie heraus, wann Sie mental aufnahmefähig sind und wann Sie eher körperliche Beschäftigung brauchen. Lesen Sie hierzu das Kapitel *Der richtige Zeitpunkt*.

Es kann aber auch sein, dass Ihnen beim Lesen mancher Texte Bilder fehlen, um die richtigen Schlüsse zu ziehen, wodurch Sie sich den Inhalt anschließend merken könnten. Trockene Fachtexte bieten in dieser Hinsicht nicht allzu viel für Ihre Sinne. Ihr Gehirn möchte nun mal Informationen mit Sinneseindrücken versehen, damit es sie ablegen kann. Wie Sie dem abhelfen können, lesen Sie im Kapitel *Den Inhalt lebendig machen*.

Es gibt allerdings eine Reihe weiterer Ursachen für Ihre fehlende Konzentration beim Lesen. Machen Sie sich bewusst, dass Lesen ein komplexes Zusammenspiel von Körper und Gehirn erfordert. Ihre Augen leisten dabei einen nicht unerheblichen Beitrag. Sie bewegen sich unablässig von links nach rechts und wieder zurück. Dabei müssen sie ständig die Sehschärfe neu fokussieren. Ihre Pupillen leisten Schwerarbeit, während sie ihre Weite dem Lichteinfall anpassen, der sich auf einer einzigen Buchseite stark verändern kann. Ihr gesamter Körper benötigt Energie, um Sie beim Sitzen aufrecht zu halten. Die Schulter-

und Nackenmuskulatur arbeitet hart, um die richtige Kopfhaltung zu finden, in der Sie angenehm lesen können. Die Übertragung des Buchstaben-Inputs ins Gehirn erfolgt durch Millionen von Nervenimpulsen, die auch dafür zuständig sind, welche Informationen die Filter im Gehirn passieren dürfen und welche für unwichtig befunden und ausgemustert werden. Nach der Passage durch diesen Filter werden die empfangenen Sinneseindrücke, also auch die Buchstaben, mit bereits Bekanntem verknüpft und weitergeleitet, woraufhin sie überhaupt erst eine Bedeutung erhalten. Die Buchstaben werden zu Worten, die Worte zu Begriffen, mit denen wir nach freiem Ermessen weiterverfahren dürfen.

Dieser komplizierte Weg ist leider leicht störbar. Ein Telefonanruf reißt Sie nicht nur akustisch aus Ihrer Bilderwelt, sondern lenkt Ihre Gedanken in eine vollkommen neue Richtung. Die Mitteilung am Telefon durchläuft den gleichen Weg wie zuvor die Buchstaben. Nur landen Sie, wenn Sie auf diese neuen Begriffe und ihre Bedeutungen eingehen, in einer anderen Welt als der, mit der Sie sich kurz zuvor beim Lesen beschäftigt haben: einer Gedankenschublade, die sich in einem Schrank in einem anderen Zimmer befindet. Sie benötigen daher Zeit und Entschlusskraft, um nach dem Telefonat wieder in Ihre zuvor erschaffene Welt von Bedeutungen einzutauchen, die Ihnen Ihr Gehirn als Reaktion auf die Buchstaben zur Verfügung gestellt hat. Häufen sich die Störungen, haben Sie bald keine Lust mehr, ständig neue Energie für den Entschluss aufzubringen, wieder in Ihre Lesewelt zurückzukehren. In diesem Fall hilft nur eine bewusste Unterbrechung, in der Sie über ein mögliches Reduzieren Ihrer Störfaktoren nachdenken sollten.

Inhalte aus Büchern aufzunehmen erinnert viele von uns an den Stress beim Lernen in der Schule – und schon *haben* Sie Stress. Das Lernen in der Schule geschah nicht freiwillig. Lernen war eine der ersten

Pflichten in Ihrem Leben. Dazu kommt, dass für viele „Schule" und „Lernen" mit negativen Erfahrungen verbunden sind. Gefühle von Nicht-Genügen, Versagensangst, Scham, Demütigung oder Druck und Einengung können sich einstellen. Diese Emotionen rufen wiederum eine Gedanken- und Bilderwelt in Ihrem Gehirn hervor, die Sie verarbeiten müssen. Das hindert Sie daran, Gelesenes inhaltlich sinnvoll einzuordnen. Hier sollten Sie zunächst an Ihrer Motivation arbeiten und diese stärken. Mit einer positiven inneren Einstellung fällt das Lernen leicht und macht zudem Spaß (s. Kapitel *Ihr innerer Antrieb*). Aber natürlich bietet die Kinesiologie ein eigenes Hilfeprogramm, das sich direkt an Ihr Gehirn wendet und dort Motivationsarbeit für die zuständigen Nervenzellen leistet.

Alphabet im Kreis

Legen Sie eine Hand auf den Nabel und rubbeln Sie mit der anderen Hand Ihre Gehirnknöpfe – die beiden Mulden zwischen Schlüssel- und Brustbein (s. Kapitel *Übungen aus der Kinesiologie / Präsenzübungen / Rubbeln*). Sitzen Sie dabei aufrecht. Ihre Füße sollten guten Bodenkontakt haben. Rubbeln Sie und lassen Sie Ihren Blick langsam kreisen. Sagen Sie dabei das Alphabet auf. Dann wiederholen Sie die Übung, indem Sie den Blick in der Gegenrichtung kreisen lassen, und sagen Sie noch einmal das Alphabet auf.

Lesen Sie Ihren Text weiter und wiederholen Sie die Übung, sobald Sie spüren, dass Ihre Fähigkeit, Gelesenes zu verarbeiten, nachlässt. Sie können diese Übung auch intensivieren, wenn Sie einen Teil Ihres Textes laut lesen und dann die Übung machen – dabei führen Sie immer beide Kreise aus. Dann lesen Sie weiter – laut oder leise, wie Sie möchten. Sollte Ihre Konzentration wieder nachlassen, unterbrechen Sie und machen Sie die Übung noch einmal. Wechseln Sie dabei regelmäßig die Hände.

Überfordern Sie sich bitte nicht dabei. Sie programmieren mit dieser Übung Ihr Gehirn neu, das für diesen Vorgang viel Energie benötigt. Üben Sie lieber jeden Tag ein paar Minuten, als gleich beim ersten Mal eine halbe Stunde. Damit erreichen Sie eher das Gegenteil, weil Sie zu viel Input auf einmal verarbeiten müssten. Das Gehirn würde darauf mit Verwirrung reagieren, und Sie hätten nichts gewonnen. Freuen Sie sich lieber daran, wie sich Ihre Aufnahmefähigkeit während der nächsten Monate allmählich steigert.

Mit der zweiten Übung zur besseren Verarbeitung von Geschriebenem verbinden Sie Ihre Gehirnhälften nachhaltig. Den ersten Teil kennen Sie bereits – es ist die Übung der liegenden Acht (s. Kapitel *Übungen aus der Kinesiologie*). Sie gleichen dabei nicht nur Ihre Augenmuskulatur aus, sondern verbinden auch die linke und rechte Gehirn- und Körperhälfte. Sie erkennen dadurch leichter, dass Sie immer die Wahl zwischen aktiv und passiv, Anspannung und Entspannung, zwischen Aufnehmen und Abgeben haben – den beiden wichtigsten Prinzipien Ihres Körpers und Ihres Gehirns.

Strecken Sie Ihre Arme in Augenhöhe vor sich aus und legen Sie die Hände so übereinander, dass zwischen den Daumen eine Lücke entsteht, die die Form eines Dreiecks hat (s. *Die liegende Acht: Dreieck*).

In dieser Haltung bleiben Ihre Hände während der gesamten Übung. Blicken Sie durch das Dreieck. Malen Sie nun mit Ihren Händen eine liegende Acht in die Luft. Ihr Körper bleibt dabei vollkommen ruhig. Führen Sie Ihre Hände von der Mitte aus nach links oben, dann nach links unten, zur Mitte zurück, nach rechts oben, rechts unten und wieder zur Mitte. Ihr Blick folgt dem Dreieck, Ihr Kopf bewegt sich nicht. Sagen Sie dabei das Alphabet auf. Oder Sie kombinieren einen Kinderreim mit der liegenden Acht. Wenn Sie eine Zahlenschwäche haben, zählen Sie dabei. Wiederholen Sie diese Übung mindestens siebenmal.

Diese Übung reduziert übrigens fast jede Art von Stress. Auch vor dem Einschlafen im Liegen entspannt sie Augen und Gehirn hervorragend.

Alle aufgeführten kinesiologischen Übungen erfordern keinerlei Aufwand und sind jederzeit anwendbar. Ein Zuviel davon gibt es nicht. Sie werden ohnehin bald sehr genau spüren, welche Übung Ihnen guttut und welche Ihr persönlicher Favorit ist. Wechseln Sie trotzdem ein wenig ab, um so viele verschiedene Gehirnregionen wie möglich damit anzusprechen.

Ihr Gehirn

Haben Sie mittlerweile Freude daran, neue Informationen aufzunehmen, zu lernen und eigene Schlüsse zu ziehen? Dann interessiert Sie sicher auch, wie Ihr Gehirn funktioniert. Und Ihre Übungen machen Ihnen vielleicht noch mehr Spaß, wenn Sie erkennen, welche Vorgänge sie in Ihrem Gehirn auslösen. Zudem können Sie neue Inhalte leichter abrufen, wenn Sie es mit einigen Fakten und eigenen Schlussfolgerungen verknüpfen können.

Die Leistungsfähigkeit Ihres Gehirns ist nahezu grenzenlos. Lassen Sie sich von dieser Erkenntnis beflügeln, wenn Sie einmal das Gefühl haben sollten, dass „nichts mehr in Ihren Kopf hineingeht".

Ihr Gehirn ist keineswegs so groß wie Ihr Kopf. Es hat auf einer Handfläche Platz. Aber es hat es in sich. Nicht nur, weil es mit seinen 1,3 kg relativ schwer ist. Weit über 100 Milliarden Nervenzellen regeln Ihre Organfunktionen, Ihre Bewegungen und steuern Ihre Gedanken und Gefühle. Jede dieser Zellen ist mit ungefähr 10 000 anderen vernetzt – ein internes World Wide Web. Das ergibt über 1000 Billionen Kontakte. Dazwischen liegen jeweils höchstens vier (!) Schaltstellen.

Ihre gedanklichen Impulse können auf einer Million Kilometern in Ihrem Gehirn herumreisen – in Bruchteilen von Sekunden. Mit dieser Leistungsfähigkeit kann kein Computer mithalten. Das Gehirn arbeitet ohnehin viel komplexer als ein Computerprogramm. Es empfängt und prüft jeden Gedanken, zerlegt ihn in Einzelteile, leitet diese an völlig verschiedene Bereiche des Gehirns weiter, verknüpft die Fragmente mit Ihren Erfahrungen und Gefühlen und legt sie bei Tauglichkeit im Langzeitgedächtnis ab. Untaugliches wird gelöscht. Sie denken nicht acht Stunden lang: „Mein Pullover kratzt" oder „Ich höre Autos auf der Straße".

Wenn Sie Ihre gespeicherten Gedanken abrufen möchten, geschieht das mithilfe dieser Verknüpfungen. Und diese sind vor allem sinnlicher und emotionaler Natur. Es gibt zwar auch eine Art Lexikon im Kopf, mit dem Sie Faktenwissen speichern und abrufen können, doch die meisten Dinge, an die Sie sich erinnern möchten, sind an ein Gefühl gebunden oder zumindest an einen Sinneseindruck. „Nichts ist im Geiste, was nicht vorher in den Sinnen war", lautet ein philosophischer Grundsatz.

Schematisches Pauken mag Sie daher über die nächste Prüfung retten, doch wirklich nutzbaren Eingang in Ihr Gedächtnis kann sich das Gelernte dadurch nicht verschaffen. Dafür sind persönliche bzw. emotionale Verknüpfungen erforderlich – ebenso, wenn Sie Informationen abrufen möchten. Jeder Gedanke, den Sie haben, löst eine Flut von Aktivitäten in Ihrem Gehirn aus. Nervenzellen unterscheiden sich schon äußerlich von anderen Zellen Ihres Körpers: Aus dem runden Zellkörper ragen Nervenfasern, die man Dendriten und Axone nennt. Sie erhalten Informationen als elektrische Signale und leiten diese an andere Zellen weiter. Nervenzellen sehen aus wie Sterne – wenn sie miteinander verknüpft sind, wie Zwillingssterne. Diese sind nur durch einen schmalen Spalt voneinander getrennt, den man Synapse nennt – die Verbindung zwischen zwei Nervenzellen.

Wenn die Nervenzellen einen Reiz weiterleiten möchten, brauchen sie dazu Neurotransmitter – Botenstoffe. Das sind bestimmte Substanzen wie Glutamat, Noradrenalin und Serotonin. Diese leiten die Impulse von Zelle zu Zelle bis zu ihrem Bestimmungsort im Gehirn oder in Ihrem Körper. Schon beim geringsten gedanklichen Impuls sind viele Gehirnbereiche aktiv. Bei einem Geistesblitz läuft vermutlich Ihr ganzes Gehirn auf Hochtouren – oder ist erleuchtet.

Das Gehirn arbeitet sehr ökonomisch. Synapsen, die häufig benutzt werden, leiten jeden neuen Reiz schneller weiter als den vorigen. Wenig benutzte Verbindungen dagegen werden immer langsamer, bis sie schließlich abgebaut werden.

Alle drei Sekunden verarbeitet das Gehirn neue Informationen. Daran sind wir gewöhnt. Sind Reize sehr viel langsamer oder schneller als Zeithäppchen von drei Sekunden, haben wir mitunter Probleme, sie aufzunehmen. Denken Sie an Filmausschnitte in Zeitlupe oder in Zeitraffer. Dieser Dreisekundentakt entspricht übrigens der normalen Sprechgeschwindigkeit. Diese Erfahrung haben Sie bestimmt schon gemacht: Spricht jemand allzu schnell oder viel zu langsam, können wir manchmal nur mit Mühe folgen. Dreisekundenhäppchen werden im Langzeitgedächtnis bevorzugt gespeichert. Also, alle drei Sekunden eine neue Information, bitte! Für das Lernen bedeutet das: Eine gewisse Geschwindigkeit erhöht die Aufmerksamkeit und die Chance, dass der Input im Langzeitgedächtnis ankommt. Wenn Sie zu gemütlich an einen neuen Inhalt herangehen, schläfert das Ihr Gehirn ein, zu schnelles „Drüber-weg-Lesen" erschwert das Aufnehmen des Stoffes.

Gehirnbereiche

Wie ist das Gehirn aufgebaut? In welchen Bereichen geschieht „Datenverarbeitung"?

Zusammen mit dem Rückenmark bildet das Gehirn das Zentralnervensystem. Ihr Gehirn besteht aus zwei Hälften, die vollkommen unterschiedliche Eigenschaften haben. Gute Konzentration erfordert eine aktive Verbindung dieser beiden Teile, die Sie trainieren können. Dabei stimulieren Sie Neuronen, die in einem Nervenstrang, dem *Corpus callosum*, angeordnet sind, der Ihre Gehirnhälften wie eine Brücke verbindet. Bieten Sie diesen Nerven Reize, werden sie aktiv: Die Verbindung funktioniert. Das konnten Sie bereits bei Ihren kinesiologischen Übungen feststellen. Sie haben dabei nichts anderes getan, als Ihre Nerven im Corpus callosum zu stimulieren.

Im hinteren Teil des Gehirns befindet sich oberhalb des Nackens das Kleinhirn, das bei Bewegung aktiv wird und die Muskulatur willentlich steuert. Wenn Sie zur Kaffeetasse greifen, gibt das Kleinhirn den Befehl dafür.

Im Großhirn – der größte Gehirnbereich oben und vorne im menschlichen Schädel – werden Ihre Eindrücke verarbeitet, Ihre Handlungen geplant. Dort ist der Sitz Ihrer Gedanken und Gefühle. Wenn wir von unseren kleinen grauen Zellen sprechen, meinen wir in der Regel diesen Bereich. Die Bezeichnung entstand, weil die Großhirnrinde grau ist.

Zwischen den beiden Gehirnhälften liegt das Stammhirn, das weitgehend unabhängig von unserem Bewusstsein arbeitet. Es steuert Atmung und Herztätigkeit, den Kreislauf und Ihre Reflexe.

Ihre Sinneseindrücke werden jedoch nicht nur objektiv bearbeitet, sondern sehr subjektiv gestaltet – abhängig vom Kontext, in dem Sie etwas gesehen, gespürt oder gehört haben. Das Gehirn neigt dazu, Neues mit bereits Bekanntem und Erfahrenem abzugleichen und daraufhin zu entscheiden, in welche „Schublade" es gesteckt wird. Daher sind wir so anfällig für Vorurteile. Erfahrungsgemäß gibt es für dieses Problem jene Lösung, denkt das Gehirn und bietet sie Ihnen an. Nicht für jede neue Situation jedoch ist eine solche Patentlösung geeignet.

Wir sollten daher lernen, fest geformte Gedanken und Überzeugungen hin und wieder zu hinterfragen, neu zu definieren und nach Alternativen zu suchen. Der erste Schritt hierzu ist, anderen unvoreingenommen zuzuhören. Der zweite, die eigenen Vorurteile zu erkennen. Und gewohnte Wege und Denkraster immer mal wieder zu verlassen, um den Blickwinkel zu verändern, der Wichtigste.

Das Bauchhirn

Auch im Bauch sitzt ein Gehirn, das immerhin aus 100 Millionen Nervenzellen besteht, die den Verdauungstrakt umgeben. Dieses verborgene Nervensystem ist bisher kaum erforscht. „Ich weiß nicht, ich hab' so ein Gefühl im Bauch". – Haben Sie das auch schon einmal gedacht und dann auf Ihr Bauchgefühl gehört, obwohl Ihr Verstand das Gegenteil signalisierte? Es war vermutlich nicht Ihre schlechteste Entscheidung. Ihr Bauchhirn arbeitet selbstständig und unmittelbar. Dadurch ist es schneller als der Verstand.

Bei Gefahr können wir uns darauf verlassen. Wenn Gefahr droht, ist die stattliche Ansammlung von Nervenzellen in Ihrem Bauch sofort hellwach. Sie sendet Wahrnehmungen mithilfe von Botenstoffen als kurze, kompakte Signale an das Kopfhirn. Dieses fügt die vielen Details blitzschnell zu einem vollständigen Bild zusammen. Das komplizierte Prüfen und Verknüpfen, mit dem es normalerweise auf neue Informationen reagiert, entfällt. Das Bauchhirn hilft uns zu überleben, denn in kritischen Situationen übernimmt es einen großen Teil der Führung. Dadurch sind wir fähig, sofort zu handeln – ohne langes Nachdenken. Wenn Sie bei Dunkelheit auf einer abgelegenen Straße unterwegs sind, sollten Sie auf die intuitive Stimme in Ihrem Bauch hören, egal, was sie Ihnen rät – schneller zu gehen oder abzubiegen oder eine beleuchtete Kneipe aufzusuchen. Oder auch: „Alles in Ordnung, geh' einfach weiter!"

Auch bei der Beurteilung anderer sollten wir dieses kluge Neben-
hirn um Rat fragen. Ihr Bauch erkennt sofort, ob ein Lächeln echt ist
oder nicht. Ihre Intuition signalisiert Ihnen auch, wenn ein Punkt
bei einem Vortrag nicht stimmig oder ein Text nicht verständlich ist.
Genau hier wird es interessant. Werden Sie hellhörig! Hinterfragen Sie
das Gelesene oder Gehörte. Verschaffen Sie sich Hintergrundmaterial
zu Ihrem Text.

In anderen Unterlagen ist der Punkt vielleicht anschaulicher dargestellt oder durch weitere Informationen ergänzt, die Sie für Ihr Verständnis benötigen. Gehen Sie im Text bis zu der Stelle zurück, an
der es zu haken scheint. Vielleicht rufen Sie auch jemanden an, den
Sie um Rat bitten können. Gehen Sie auf keinen Fall darüber hinweg!
Erarbeiten Sie sich lieber ein tieferes Verständnis der Thematik. Oft
birgt gerade eine Stelle, an der es zu haken scheint, einen interessanten Aspekt, den Sie noch nicht bedacht haben. Lernen Sie, auf Ihre
innere Stimme, Ihr Bauchhirn, zu hören. Zusammen mit Ihren mentalen Fähigkeiten sind Sie dann unschlagbar.

Die beiden Gehirnhälften

Die rechte und die linke Gehirnhälfte kontrollieren unsere Körperfunktionen, nehmen die physische Realität wahr und verwalten
unsere Erfahrungen und unser Wissen. Ihr Zusammenspiel ermöglicht uns, Entscheidungen zu treffen. Sie verarbeiten Reize jedoch
vollkommen unterschiedlich. Die linke Gehirnhälfte steht übrigens
mit der rechten Körperseite in Zusammenhang, die rechte Hälfte mit
der linken. Das Äußere Ihres Kopfes gehört zu den jeweiligen Körperseiten. Ihr rechtes Auge wird also von der linken Gehirnhälfte gesteuert, ihr linkes Ohr von der rechten. Wie oben beschrieben, verbindet
ein dicker Nervenstrang, Corpus callosum genannt, die beiden Hälften. Bei Frauen ist er stärker ausgebildet als bei Männern. Bereits in

der Kindheit hat sich ein Netzwerk von Synapsen – Verknüpfungen von Nervenzellen – gebildet, das eine optimale Verbindung zwischen den beiden Gehirnhälften gewährleistet. In Ausnahmefällen, etwa nach einem Unfall, kann daher eine Gehirnhälfte auch Aufgaben der anderen übernehmen.

Komplexe Aufgaben erfordern eine Beteiligung beider Gehirnhälften. Die linke Gehirnhälfte – vielleicht erinnern sie sich noch an das Beispiel der beiden Familien in ihren Häusern – fördert analytisches Denken. Sie schafft einen logischen und systematisch aufgebauten Bezug zwischen verschiedenen Inhalten. Wortschatz und Zahlenverständnis werden hier verwaltet und aufgebaut. Die linke Gehirnhälfte liebt es zu gliedern, Ziele zu setzen und alles so zu strukturieren, dass diese Ziele erreicht werden können.

Die rechte Gehirnhälfte ist dagegen für Ihr visuelles Gedächtnis, Ihre Orientierung im Raum, für Ihre Gefühle, Stimmungen und Ihr Körperbewusstsein verantwortlich. Sie erkennt Gesichter und Symbole. Sie arbeitet mit Klang und Melodie, also auch dem Sprachklang, und mit allem, was Sie ertasten. Sie ist kreativ. Sie ist chaotisch. Sie liebt es, frei zu assoziieren und viele verschiedene Möglichkeiten zu prüfen. Sie nimmt Informationen nicht detailliert wie die linke Gehirnhälfte, sondern ganzheitlich auf. Sie sieht alles im Kontext.

Die meisten Menschen sind entweder links- oder rechtshälftig gesteuert. Selten sind beide Seiten gleichermaßen bestimmend für das Verhalten eines Menschen. Daher ist es wichtig, die dominante Gehirnhälfte immer wieder mit der zweiten zu verbinden, wenn wir unser gesamtes Potenzial nutzen und ausleben möchten. Heilmethoden wie die Kinesiologie und alle Entspannungstechniken versuchen die Ausgeglichenheit herzustellen. Wenn Sie sich bei einer Aufgabe zu sehr anstrengen müssen, wenn Ihnen die Aufnahme eines Inhalts schwer fällt, liegt die Ursache meistens in einer mangelnden Verbindung beider Gehirnhälften. Daher ist es sinnlos, sich „weiterzupeitschen", um unter Willenseinsatz noch zwei Seiten Lernstoff zu schaffen. Loszulassen ist dann wesentlich sinnvoller und die beiden Gehirnhälften mit gezielten Techniken zur Zusammenarbeit anzuregen das Sinnvollste, das Sie tun können. Ein Zeitverlust findet dabei nie statt, denn Sie arbeiten danach wieder viel schneller.

Oft macht man sich gar nicht bewusst, wie stark sich das Denken verlangsamt, wenn die beiden Gehirnhälften nicht miteinander verbunden sind.

Meistens ist es erforderlich, die rechte Gehirnhälfte zur Mitarbeit zu bewegen. Unser kulturelles und soziales Umfeld fördert bereits in der Schulzeit sehr stark das linkslastige, rationale Denken. Auch in späteren Jahren wird Ihr Erfolg oft daran gemessen, wie sachlich, zielgerichtet und vernunftbetont Sie sich verhalten. Ihr volles Potenzial schöpfen Sie damit jedoch nicht aus. Wirklich erfolgreiche Menschen denken immer mit beiden Gehirnhälften.

Die folgenden Charakteristika veranschaulichen, wie wichtig es ist, beide Gehirnhälften an Denkprozessen zu beteiligen: Alle Zuordnungen sind gegensätzliche Paare, die sich ergänzen sollten, wenn Sie Ihre mentalen Fähigkeiten optimal entwickeln möchten.

linke Gehirnhälfte	rechte Gehirnhälfte
auditiv	visuell, kinästhetisch
kurzsichtig	weitsichtig
konvergierend (das Gemeinsame suchend)	divergierend (viele Assoziationen zulassend)
analysierend	synthetisierend (künstlich herausbildend)
abstrakt	konkret
rational	emotional
zeitlich	räumlich
digital	analog
objektiv	subjektiv
angespannt	entspannt
aktiv	passiv
sympathisch (auf das Zentralnervensystem bezogen)	parasympathisch
linear	simultan
mental	intuitiv
wissenschaftlich	künstlerisch
logisch	gefühlsbetont
introvertiert	extrovertiert
neurotisch	psychotisch
Wortschatz und Grammatik	Klang und Melodie der Sprache
Struktur	Spiel
Ordnung	Chaos

Sie können übrigens leicht herausfinden, ob Sie eine Betonung Ihrer linken oder rechten Gehirnhälfte haben.

Nehmen Sie Inhalte eher visuell oder auditiv auf? Brauchen Sie einen geschriebenen Text, um etwas leicht zu verstehen, oder ist es für Sie angenehmer, wenn Ihnen jemand die Zusammenhänge verbal erklärt?

Oder müssen Sie alles erst einmal ausprobieren, um einen persönlichen Bezug zum Inhalt zu schaffen und die neuen Informationen auf diese Weise Ihrem Gehirn zugänglich zu machen? Dann ist Ihre rechte Gehirnhälfte dominant, genau wie beim visuell veranlagten Typ. Nehmen Sie Neues leichter auf, wenn Sie zuhören, ist vermutlich die linke Gehirnhälfte diejenige, die bei Ihnen sofort „anspringt".

Auch Ihre Augen und Ohren können Ihnen Aufschluss darüber geben, ob Sie eher ein linker oder rechter Denktyp sind. Jeder hat nämlich ein „Leitauge" und „Leitohr".

Haben Sie Lust auf einen kleinen Test?

Das Dreieck mit der liegenden Acht kennen Sie bereits (s. Kapitel *Übungen aus der Kinesiologie*). Strecken Sie Ihre Arme in Augenhöhe aus und legen Sie die Hände so übereinander, dass ein Dreieck entsteht, das Ihre Daumen unten abschließen. Blicken Sie hindurch und visieren Sie ein Ziel an: einen Laternenmast auf der gegenüberliegenden Straßenseite oder einen Fenstergriff. Führen Sie das Dreieck langsam an Ihre Augen heran – ohne Ihr Objekt aus den Augen zu verlieren –, indem Sie die Arme anwinkeln. Sie landen dann bei einem Auge, nicht bei beiden. Blickt Ihr linkes Auge durch das Dreieck, ist vermutlich Ihre rechte Gehirnhälfte dominant, ist es Ihr rechtes Auge, denken Sie überwiegend mit Ihrer linken Gehirnhemisphäre. Probieren

Sie es mit verschiedenen Zielobjekten aus. Sie werden immer beim gleichen Auge ankommen – Ihrem „Leitauge".

Bei den Ohren ist die Präferenz etwas schwieriger zu bestimmen, denn wir telefonieren meistens linksohrig. Das ist durchaus sinnvoll: Da das linke Ohr mit der rechten Gehirnhälfte korrespondiert, hören Sie auf diese Weise besser, *wie* jemand etwas sagt. Denn Klänge und Sprachmelodie sind in der rechten Gehirnhälfte beheimatet. Und dieses *Wie* einer Aussage ist für uns sehr viel wichtiger als das „Was" – das haben wissenschaftliche Untersuchungen ergeben. Ohne den Klang der Sprache würden wir gerade mal sieben Prozent des Inhalts verstehen.

Ein guter Tipp, wenn Sie jemanden am Telefon haben, der jammert oder auf andere Weise emotionalen Druck auf Sie auszuüben versucht, ist folgender: Halten Sie den Hörer an Ihr rechtes Ohr, dann können Sie viel cooler darauf reagieren und sich besser abgrenzen.

Mit einem einfachen Test können Sie herausfinden, mit welcher Gehirnhälfte Sie bevorzugt denken. Die auditiven Typen sind von der linken dominiert, die visuellen und die kinästhetischen Anpacker und Ausprobierer von der rechten.

Test: Bin ich visuell, auditiv oder kinästhetisch veranlagt?

Bei Entscheidungen orientiere ich mich ...
a) an meinem Gefühl und entscheide aus dem Bauch heraus.
b) daran, welche Lösung ich im Dialog mit mir selbst oder anderen am besten vertreten kann.
c) daran, was am besten aussieht und für mich ein klares Bild ergibt.

Lösung: a) kinästhetisch
b) auditiv
c) visuell

An einem guten Redner schätze ich besonders ...
a) seine gut klingende Stimme und ansprechende Sprechweise.
b) ob seine Darstellung ein klares Bild für mich ergibt.
c) ob mich seine Darstellung gefühlsmäßig anspricht und begeistert.

Lösung: a) auditiv
b) visuell
c) kinästhetisch

Wenn ich über ein Problem nachdenke, ...
a) stelle ich mir die Situation bildlich vor.
b) diskutiere ich mit mir selbst und spreche innerlich mit anderen alles durch.
c) gehe ich auf und ab und spiele die Situation durch.

Lösung: a) visuell
b) auditiv
c) kinästhetisch

In einem Seminar ist/sind für mich das Wichtigste:
a) die übersichtliche Visualisierung, klare Gliederung und gute Unterlagen.
b) die ausführliche Besprechung des Sachverhalts anhand guter Beispiele der/des Referenten.
c) praktische Übungen und Demonstrationen, um den Sachverhalt selbst zu erfahren und zu erleben.

Lösung: a) visuell
b) auditiv
c) kinästhetisch

Um Informationen besser zu behalten, …
a) zeichne ich mir ein Schema oder eine Skizze.
b) präge ich mir den sachlichen Inhalt anhand von praktischen Beispielen ein.
c) diskutiere ich den Stoff mit mir selbst und mache ihn mir dadurch zu eigen.

Lösung: a) visuell
          b) kinästhetisch
          c) auditiv

Um mich zu motivieren, …
a) bewege ich mich und bringe mich körperlich in einen Powerzustand
    (Atem, Stand, Schritte, Körperhaltung, Stimme).
b) rede ich so lange mit mir selbst – laut oder gedanklich –, bis Mut und
    Stärke zunehmen.
c) stelle ich mir meinen Erfolg lebhaft vor (in Farbe, dreidimensional etc.).

Lösung: a) kinästhetisch
          b) auditiv
          c) visuell

Wenn ich an einen guten Freund denke, …
a) sehe ich sein/ihr Bild und gemeinsame Erlebnisse vor meinem geistigen
    Auge.
b) habe ich ein angenehmes Gefühl und schöne Erinnerungen an gemein-
    same Erlebnisse.
c) spreche ich innerlich über sie/ihn und erinnere mich an Dinge, über die
    wir gesprochen haben und das, was er/sie sagte.

Lösung: a) visuell
          b) kinästhetisch
          c) auditiv

Welchen Typ haben Sie am häufigsten angekreuzt? Dieser entspricht Ihrem bevorzugten Wahrnehmungs- und Denkstil. Wenn Sie wissen, ob Sie visuell, auditiv oder kinästhetisch veranlagt sind, können Sie die Informationen, die Sie brauchen, leichter abrufen. Sind Sie ein eher visueller Typ, suchen Sie nach dem entsprechenden Bild, das mit dem Inhalt verknüpft sein könnte. Für Sie als Auditiven dürfte die Stimme, die den Inhalt ausgesprochen hat, wichtiger sein. Und für Sie als Kinästheten das Gefühl, das mit dem Gedanken, an den Sie sich erinnern möchten, verbunden war. Der Kontext, die Situation, in der der Input geschah, dient als Aufhänger für Ihr Erinnerungsvermögen.

Der Weg ins Langzeitgedächtnis

Das Kurzzeitgedächtnis

Jeder neue gedankliche Impuls landet zunächst im *Wahrnehmungs-gedächtnis*. Man nennt es auch Ultrakurzgedächtnis. Die neue Information bleibt dort etwa zwanzig Sekunden. Nebensächliche Wahrnehmungen, die das Gehirn zum gegenwärtigen Zeitpunkt nicht als wesentlich erachtet, werden nicht weitergeleitet. Das würde den schnellen Transfer wichtiger Inhalte nur verzögern. *Der Wecker tickt; ich spüre Stoff auf meiner Haut; es riecht nach Druckerschwärze; die Zimmertemperatur ist kühler als mein Gesicht; es regnet; draußen gehen Leute vorbei* – Dauermeldungen dieser Art werden in der Regel sofort „entsorgt", es sei denn, sie werden durch eine Verknüpfung mit einem weiteren Inhalt plötzlich wichtig. Zum Beispiel: *Der Wecker tickt*, denken Sie, blicken kurz hin – und entdecken eine Zeitbombe. Oder *Es regnet*: Gleich ist Feierabend, und ich habe keinen Schirm dabei. Ich muss mir einen leihen.

Wahrnehmungen und Gedanken, die das Gehirn für wichtig erachtet, gelangen nach diesen zwanzig Sekunden ins Kurzzeitgedächtnis, das Sie mit dem Arbeitsspeicher in Ihrem Computer vergleichen können. Dort werden sie geprüft und bearbeitet – das bedeutet aber noch lange nicht, dass sie auch ins Langzeitgedächtnis weitergeleitet werden.

Das Gehirn arbeitet ökonomisch. Um eine Reizüberflutung zu vermeiden, differenziert und selektiert es neue Inhalte. Dadurch ist es effizienter. Es schaltet zwei Instanzen ein, die jeden neuen Input schnell bewerten: den *Stirnlappen* und das *limbische System*. Im *präfrontalen Cortex* im Stirnlappenbereich wird das Neue mit bereits Bekanntem verglichen und darüber entschieden, ob es wichtig genug ist, ins Langzeitgedächtnis transportiert zu werden. Wenn Sie jetzt, in den ersten 30 Minuten, den neuen Inhalt wiederholen und eigenständig in Bezug zu weiteren Aspekten des Themas setzen, können Sie dieses Filtersystem positiv beeinflussen. Die Chance, dass der Inhalt im Langzeitgedächtnis landet, wird dadurch größer und ebenfalls die Chance, die neuen Informationen bei Bedarf schnell wieder abrufen zu können.

Auch im limbischen System wird über die Bedeutung des neuen Inhalts entschieden. Gemessen wird die Wichtigkeit an der Intensität der Gefühle, mit denen der Input verknüpft ist. Das limbische System ist einer der ältesten Bereiche unseres Gehirns. Es liegt wie ein Ring unter der Gehirnrinde. Ein bestimmter Teil dieses Systems, der *Hippocampus*, arbeitet wie ein Detektiv, der herausfindet, ob die Gefühle und damit der Input etwas taugen – ob sie für uns wichtig sind. Im limbischen System wird jeder neue Inhalt emotional bewertet. Auch reine Fakten müssen diesen Filter durchlaufen: Er analysiert sie, verbindet sie mit Gefühlen und leitet sie dann an verschiedene Regionen in der Gehirnrinde zum nachhaltigen Verbleib weiter. Je stärker die Allianz mit Gefühlen ist, desto größer sind die Chancen, dass die Fakten viele Verknüpfungen erhalten und im Gehirn bleiben dürfen. Informationen, die nicht mit Gefühlen zu verbinden sind, bleiben außen vor – sie können dieses Filtersystem nicht passieren.

Also büffeln Sie bitte mit Gefühl! Keine Angst, reges Interesse genügt vollkommen. Dann müsste es im Langzeitgedächtnis ankommen. Denn das Gehirn speichert auch unbewusste Gefühle, wie zum Beispiel das Interesse an einem Inhalt zusammen mit diesem. Wenn Sie etwas nicht abrufen können, liegt das meistens nicht an Ihrem „schlechten Gedächtnis". Alles, was Ihre Spezialfilter Stirnlappen und limbisches System passiert hat, ist im Langzeitgedächtnis vorhanden. Doch kann zum Beispiel Stress verhindern, dass Ihre Nerven folgerichtig leiten und Sie die Informationen nicht gleich wiederfinden. Dann sollten Sie sich aktiv entspannen oder das SOS-Programm in diesem Buch zurate ziehen.

Vielleicht wurde die Information, nach der Sie suchen, schon vor Längerem im Langzeitgedächtnis abgelegt und dann nicht mehr nachgefragt. Dann gibt es keine Autobahnen mehr dorthin, sondern nur noch selten befahrene Nebenstrecken, die erst wieder ausgebaut werden müssen. Diese Umwege kosten Zeit. Die benötigte Information steht Ihnen dann nicht sofort zur Verfügung.

Oder Ihr Gehirn hat die Erinnerung in einem anderen Zusammenhang gespeichert: Natürlich wissen Sie, wie Ihr Augenarzt heißt. Aber wenn Sie ihm unerwartet in einem Supermarkt begegnen und er seinen weißen Kittel nicht trägt, kommen Sie einfach nicht auf seinen Namen. Kaum tauchen seine Praxisbestuhlung und Ihre letzte Untersuchung aus Ihren Erinnerungen auf, ist der Name wieder da. In einer solchen Situation sollten Sie nach Bildern in Ihrem Inneren suchen, nach einem Gefühl, einer Stimmung, in der Sie sich befunden haben, als Sie mit ihm das letzte Mal zusammen waren, oder auch in sich hineinlauschen, was er gesagt haben könnte. Oder – Sie lächeln und warten, bis der Arzt im Supermarkt Sie anspricht. Vor allem: Zweifeln Sie nicht an Ihren mentalen Fähigkeiten. Ihr Gehirn weiß schon, was es tut. Schließlich wollten Sie gerade eine lange Einkaufsliste in Höchstgeschwindigkeit abarbeiten, weil Ihr Auto im Parkverbot steht, aber sich keine neue Brille verschreiben lassen.

Das Langzeitgedächtnis

Das Gedächtnis ist kein bestimmter Bereich im Gehirn, sondern ein flexibles Netzwerk unserer Gehirnzellen, das in mehreren Regionen des Gehirns lokalisiert ist. Es ist also kein Archiv mit Schubladen, das einer festen Ordnung unterliegt. Die Art und die Bedeutung der Informationen, die die Filter im Stirnlappen und im limbischen System passieren durften, bedingen den Ort der neuen Unterkunft. Wenn Sie Informationen häufig nachfragen, sind sie leichter abrufbar als selten benötigte Erinnerungen. Noch wichtiger ist die Stärke Ihrer Gefühle, die mit diesen verbunden sind. Ungewöhnliche Situationen, einzigartige Erlebnisse, komische Begebenheiten und folgenschwere Erfahrungen prägen sich leichter ein als Alltägliches. „Das Gehirn: Genie mit Gefühl" lautete der Titel eines wissenschaftlichen Beitrags über das System der grauen Zellen des TV-Senders Arte.

Also wiederholen Sie Ihr neu erworbenes Wissen und setzen Sie es in Bezug zu allem, was Ihnen dazu einfällt. Rufen Sie es immer wieder ab und „spielen" Sie damit. Das setzt auch Gefühle frei: Freude an neuen Erkenntnissen, weiteren Schlussfolgerungen und kreativer Weiterentwicklung des Themas, Befriedigung über die eigene Leistung, auch ein wenig Stolz und: Dankbarkeit über die eigene mentale Freiheit.

Ihr Langzeitgedächtnis kann unbegrenzt speichern. Es hat zwei Ablagesysteme entwickelt:

Im *deklarativen* Gedächtnis befinden sich Informationen, an die wir uns bewusst erinnern. Wir könnten Sie mühelos jemandem erzählen, denn es handelt sich um Ereignisse, die wir zeitlich und räumlich einordnen können: Ihr erster Schultag, ein Autounfall, der Tag, an dem Sie einen Preis gewonnen haben – *autobiografische* Erinnerungen.

Auch reines *Faktenwissen* wird in diesem Teil des Gedächtnisses abgelegt. Es kann wie ein Lexikon benutzt werden. Diese Informationen könnten Sie ebenfalls sprachlich wiedergeben. Das deklarative Gedächtnis nennt man übrigens auch *explizites* Gedächtnis.

Das *prozedurale* Gedächtnis dagegen speichert Ihre *motorischen* Fähigkeiten, die Sie geübt haben, sodass sie automatisch abgerufen werden. Dazu gehört alles, was man angeblich nie verlernt, wie Radfahren, Schreiben, Tanzen, sich an Melodien erinnern, aber auch die Automatismen, die man sich nur schwer abgewöhnen kann: Es klingelt, und Sie springen sofort auf, sogar, wenn Sie zu Gast sind. Der Ober bringt Ihnen einen Espresso, und Sie greifen zu Ihren Zigaretten – dabei ist es nun schon seit Längerem nicht mehr erlaubt, in Restaurants zu rauchen.

Das prozedurale Gedächtnis nennt man auch *implizites* Gedächtnis. Außer Ihren motorischen Fertigkeiten beherbergt es ein weiteres Ablagesystem: das sogenannte *Priming*. Das hilft uns erkennen: Das ist ein Baum; kenne ich; also sind die anderen Dinger auch Bäume, selbst wenn sie ein bisschen anders aussehen. Ein neuer Input erinnert das Gehirn also an erlebte Reize oder Sinneseindrücke, und er wird dazu in Bezug gebracht. Für die Arterhaltung ist Priming lebensnotwendig: Ist ein *Tiger* gefährlich, ist es sicher auch ein *Löwe*. Ist *diese* Pflanze giftig, könnte es auch *jene* sein, die so ähnlich aussieht. Lernen durch Nachahmung gehört ebenfalls in diesen Bereich. Ein Kind erkennt die Bedeutung verbalen und nonverbalen Ausdrucks bei Erwachsenen und orientiert sich daran, wenn es seine eigenen Bedürfnisse äußert.

Ist Intelligenz angeboren?

Zum Teil ist sie tatsächlich angeboren. Aber zum größeren Teil können Sie Ihre mentalen Fähigkeiten trainieren. Ihr Gehirn ist formbar.

Sie werden für intelligent gehalten, wenn Sie aus Gehörtem oder Gelesenem schnell eigene Schlüsse ziehen können. Ihr Gehirn bildet dann unendlich viele Verknüpfungen, die Synapsen.

Bei der Geburt verfügt man ungefähr über die Hälfte dieser Schaltstellen. Wenn Synapsen nicht gebraucht werden, baut das Gehirn sie ab und dafür andere aus. Ein Kleinkind könnte zum Beispiel mehrere Sprachen, die nicht miteinander verwandt sind und sehr unterschiedliche Laute aufweisen, gleichzeitig lernen oder mit seinen Zehen differenziert greifen. Doch wenn es in einem einzigen Sprachraum aufwächst und Schuhe trägt, kappt das Gehirn alle Verbindungen, die mit diesen Fähigkeiten in Zusammenhang stehen. Spielt das Kind mit seinem Baukasten, werden neue Verbindungen geschaffen, tanzt es, wieder andere, lernt es ein Instrument, viele weitere. Wir beginnen übrigens schon im Mutterleib zu lernen. Das Tastvermögen ist dann bereits ausgeprägt. So spürt der Embryo zum Beispiel die Schwerkraft sehr deutlich. Er verfügt auch über die Sinne, Temperatur wahrzunehmen. Diese Erfahrungen können für sein ganzes Leben prägend sein. Schon hier werden Synapsen gebildet. Ziel dieser Verknüpfungen ist es, neue Erfahrungen schneller und effektiver zu verarbeiten. Dadurch hat das Gehirn mehr verwertbaren Stoff zur Verfügung, um Lösungen zu finden.

In den ersten drei Lebensjahren ist daher jeder neue Eindruck prägend. Die Zahl der Synapsen wächst. Mit zwei Jahren verfügt das kindliche Gehirn bereits über so viele wie das eines Erwachsenen, mit drei Jahren sogar über doppelt so viele. Das Gehirn eines Dreijährigen ist also sehr aktiv. Neue Informationen werden jetzt auf Autobahnen statt wie zuvor auf verschlungenen Waldpfaden zum Bestimmungsort geschleust. Bewusst abrufbar sind sie jedoch erst ab einem Alter von etwa drei Jahren, sofern sie im Langzeitgedächtnis landen.

Die beiden Gehirnhälften arbeiten noch weitgehend isoliert vor sich hin: Mit der rechten Hälfte reagiert das Kind auf optische Reize. Ihr verdankt es, dass es seine Aufmerksamkeit längere Zeit auf einen Gegenstand richten kann. Die linke Hälfte nimmt in raschem Wechsel weitere Sinneseindrücke auf.

Mit vier Jahren erkennt das Gehirn, wie wichtig die Kooperation der beiden Gehirnhälften ist, und fördert diese gezielt. Erst dann ist ein Kind in der Lage, sich länger auf eine Sache zu konzentrieren. Der Stirnlappen entwickelt sich – der Manager im Gehirn, der filtert, analysiert, organisiert, umstrukturiert und plant. Er arbeitet zielorientiert.

Mit sechs Jahren wird man in der Regel eingeschult. Das ist die richtige Zeit dafür. Denn jetzt ist der Stirnlappen ausgereift. Das Kind ist imstande, logisch zu denken, zu bewerten, zu rechnen und neuen Input nach vernünftigen Gesichtspunkten zu ordnen. Auch andere Bereiche des Gehirns haben sich strukturiert: Das Hinterhirn entwickelt räumliches Vorstellungsvermögen, sprachliche Fähigkeiten werden ausgebaut.

Im zehnten Lebensjahr hat das Gehirn eine persönliche Struktur aufgebaut, die darüber entscheidet, ob Konzentration und Lernen leicht oder schwerer fallen. Hat das Kind bisher ein breites Angebot an Input erhalten, ist sein Gehirn aktiv und lebendig. Das ist eine gute Voraussetzung dafür, dass die mentalen Fähigkeiten auch als Erwachsener rege und flexibel bleiben.

Das Wachstum des Stirnlappens ist allerdings erst nach der Pubertät vollkommen abgeschlossen. Dieser Bereich des Gehirns ist besonders wichtig für Ihre Konzentration. Hier entstehen Bewertungen, Vorstellungen, Einstellungen, die die Basis für Ihr Interesse an Neuem bilden, für die Motivation, selbstständig zu verknüpfen und eigene Schlussfolgerungen zu ziehen. Seien Sie daher nachsichtig mit Ihren Kindern im Teenageralter. Sie können die Konsequenzen Ihres Handelns noch nicht vollständig absehen. Es fällt ihnen auch schwer, neue Erfahrungen im richtigen Kontext zu bewerten. Das ist mit Sicherheit ein Grund für die Unsicherheit in diesem Alter.

Etwas langsamer werden Ihre Nervenzellen zwar schon, wenn Sie älter werden, aber sie arbeiten deswegen nicht weniger effizient. Eine große Anzahl von Zellen im Gehirn begleitet Sie sogar ein ganzes Leben. Erst ab dem achtzigsten Lebensjahr baut sich ihre Leistungsfähigkeit allmählich ab. Je öfter Sie Gebrauch von den Zellen machen, desto länger erhalten Sie sich mentale Klarheit. Wenn Sie viel lesen, sich oft mit anderen unterhalten und sich für viele Dinge interessieren, trainieren Sie Ihre grauen Zellen und halten sie damit jung. Schauspieler bleiben meist von Alzheimer und Demenz verschont, weil sie ihr Gehirn ständig fordern – vorausgesetzt, sie leben gesund.

Das lebendige Gehirn

Wie viel können wir lernen? Ist das bei jedem Menschen festgelegt? Auch, wie effizient wir damit umgehen? Steht nach dem Ende der Pubertät fest, wie intelligent wir sind?

Nein. Das Gehirn hat nämlich die Fähigkeit, flexibel auf neuen Input zu reagieren. Wenn ein Weg nicht funktioniert, probiert es einen anderen aus. Es verändert sich ständig. Was Ärzte noch während ihres Studiums gelernt hatten, wurde vor einigen Jahren durch eine unglaubliche Entdeckung auf dem Gebiet der Neurologie vollkommen neu definiert: Das Gehirn trifft unablässig Entscheidungen darüber, welche Verknüpfungen im Nervennetz aufgebaut, ausgebaut und welche eliminiert werden. Es ist in der Lage, Funktionen auf andere Gehirnbereiche zu übertragen, wenn das Areal, das bisher dafür zuständig war, seine Aufgabe nicht mehr erfüllt – zum Beispiel nach einem Unfall. Das Gehirn repariert sich also selbst. Man nennt diese Fähigkeit Neuroplastizität. Für das Gebiet der rehabilitativen Medizin eröffnen sich damit Möglichkeiten, die man vor einigen Jahren noch für Science-Fiction gehalten hätte.

Neueste Forschungsergebnisse aus den USA und Kanada versetzten vor Kurzem die medizinische Welt in Aufruhr. Amerikanische Hirnforscher erlebten eine erstaunliche Heilung. Eine Langzeitpatientin, Sharon, hatte nach längerer Einnahme eines Medikaments ihren Gleichgewichtssinn verloren. Irreparabel, lautete der niederschmetternde Befund „Es war furchtbar", erinnert sie sich. „Die Wände bewegten sich, der Boden, die Möbel – ich konnte nicht feststellen, wo im Raum ich mich befand. Ständig fiel ich hin." Heute kann Sharon nicht nur aufrecht stehen, sondern sogar wieder Rad fahren – dank neuester Erkenntnisse der Neurologie: Nach einigen Sitzungen unter einem speziellen Helm, der über ihre Zunge auf elektronischem Weg Reize an ihr Gehirn sandte, geschah das Wunder: Sharon erlebte schon bei der ersten Sitzung endlich wieder Stille in ihrem Kopf, als träte sie aus einem Raum heraus, in dem viele Menschen laut durcheinanderredeten. Und – sie konnte aufrecht stehen, ohne zu schwanken. Je häufiger sie die Sitzungen wiederholte, desto länger hielt die positive Wirkung an.

Wie war das möglich? Was geschah unter diesem Helm? Über Sharons Zunge wurden Reize an den Hirnstamm gesendet, einen Bereich des Gehirns, in dem der Tastsinn liegt. Direkt daneben liegt das Areal, das für das Gleichgewicht zuständig ist und in Sharons Fall seine Aufgaben nicht mehr erfüllen konnte. Das Gehirn hat daraufhin genauso reagiert, wie Sie sich bei einem Stau auf der Autobahn verhalten würden: Sie weichen über Nebenstraßen aus. Ihre Nervenzellen registrieren sofort, wenn solche „Nebenstraßen" plötzlich häufig befahren werden. Und sie machen im Gegensatz zum Straßenbau sofort einen Super-Highway daraus. Sharon ist heute nicht mehr auf den helfenden Helm angewiesen. Das heißt, die Rehabilitation hat nicht nur ihren fehlenden Gleichgewichtssinn ersetzt, sondern ihr Gehirn neu programmiert: Bereiche, die bislang nur für das Tasten zuständig waren, kümmern sich jetzt auch um das Gleichgewicht.

Auf die gleiche Weise kann ein entsprechendes Gerät Blinden Bilder ins Gehirn „zaubern". Hierbei ist es eine spezielle Brille, die wie in Sharons Beispiel mithilfe der Elektronik Reize über die Zunge an Bereiche des Gehirns sendet, die mit dem Sehzentrum in engem Kontakt stehen. Dort werden diese Reize genauso verarbeitet, als wären sie auf der Netzhaut gelandet. Der Patient „sieht" tatsächlich Bilder. Wussten Sie eigentlich, dass Ihre Augen nur sehr unscharf „sehen"? Die Bildschärfe reguliert das Gehirn. Erst durch diese Feineinstellung können Sie so sehen, wie Sie es gewohnt sind.

Das bedeutet, das Gehirn ist flexibel, elastisch und stark genug für jeden neuen Reiz. Bestimmte Bereiche des Gehirns, die sich auf eine spezielle Reizverarbeitung spezialisiert haben, können sich so organisieren, dass sie neue Aufgaben erfüllen können.

Der amerikanische Neurologe Paul Bach-y-Rita, einer der Ersten, die sich mit Neuroplastizität beschäftigten, hat daher bereits vor 40 Jahren die gewagte These aufgestellt, eine neue Gesellschaft generiere auch neue Gehirne – mit veränderten Funktionen. Die neueste Entwicklung, die seine Annahme zu bestätigen scheint, hat er leider nicht mehr miterlebt.

Ein weiteres Beispiel ist Barbara. Sie arbeitet mit Schülern, die Lernschwierigkeiten haben, indem sie deren kognitive Fähigkeiten verändert. Sie programmiert die Gehirnbereiche, in denen die Probleme liegen, neu. Sie selbst war von Geburt an unfähig, sprachliche Äußerungen, Bewegungen und Symbole richtig zuzuordnen. Sie konnte weder einem Gespräch folgen noch nonverbale Signale anderer erkennen. Mit dieser Behinderung wollte sie sich jedoch nicht abfinden. Schon als Kind entwickelte sie Strategien, um ihre Schwächen zu verbergen. Dann las sie das Buch *Der Mann, dessen Welt in Scherben ging*: Ein Granatsplitter, der während des Krieges in einen wesentlichen Gehirnbereich eingedrungen war, veränderte das Leben des Romanhelden vollständig. Barbara fand heraus, wie sie durch Stimulation bestimmter Regionen im Gehirn und unablässiges Üben ihr Gehirn nachhaltig verändern konnte. Heute ist sie Meisterin darin, die Gehirnbereiche von Kindern mit Lernschwierigkeiten neu zu programmieren. Ihre Schüler nehmen diese Hilfe mit Freude und großer Konzentration an. Offensichtlich sind viele lernschwache Kinder äußerst interessiert am Lernen, was ein Zeichen von Intelligenz ist. Mental Behinderte sind also keineswegs dumm.

Wenn Menschen mit derart beeinträchtigenden Behinderungen ihr Gehirn verändern können, sollte es uns normal Lernenden doch gelingen, unsere grauen Zellen so umzuprogrammieren, dass wir leicht und mit Freude lernen. Schon das Interesse am Lernen sorgt für den notwendigen Gefühlsbeipack, der den Transfer neuer Inhalte in das Langzeitgedächtnis ermöglicht.

The Brain that changes itself war übrigens der treffende Titel eines kanadischen Dokumentarfilms von 2009 über dieses Thema.

Der richtige Zeitpunkt

Nicht jeder lernt zu jeder Tages- oder Nachtzeit gleich gut. Die Lebensrhythmen des Menschen sind durch das Licht bestimmt – nicht nur der Tagesrhythmus, auch die nächtliche Aktivität zu den unterschiedlichen Mondphasen und das Schlafverhalten im Sommer und im Winter. In der dunklen Jahreszeit hat man ein stärkeres Schlafbedürfnis, das uns durchaus eine Stunde länger im Bett halten kann. Natürlich liegen auch hierfür komplexe Vorgänge des Gehirns zugrunde: Das Auge nimmt wahr, dass es dunkel wird. Dieser Reiz wird zu einem winzig kleinen Bereich des Gehirns (dem SCN – *Suprachiasmatischer Nucleus*) weitergeleitet – von Synapse zu Synapse, bis die Botschaft am Bestimmungsort ankommt – in diesem Fall der Epiphyse, der Zirbeldrüse. Diese sorgt dann für die Ausschüttung des entsprechenden Botenstoffes, wie zum Beispiel Melatonin, das uns müde macht.

Dennoch reagieren Menschen auf das Signal: „Es wird dunkel" völlig unterschiedlich. Es gibt Lerchen und Nachteulen. Manche lernen am besten früh morgens, andere am Abend oder in der Nacht. Wichtig für das effiziente Lernen ist lediglich, dass man seinen eigenen Rhythmus erkennt und nach ihm lebt. Sie haben feste Bürozeiten? Dann finden Sie heraus, ob Sie davor oder nach Feierabend leichter für Ihre Fortbildung lernen. Eine Stunde konzentrierten Denkens zur richtigen Zeit ersetzt drei Stunden zur falschen. Übrigens ist der 24-Stunden-Rhythmus nicht für alle der passende Takt. Der innere Rhythmus, der die körperlichen und mentalen Vorgänge bestimmt, ist oft kürzer oder länger: Er kann von einem 22-Stunden-„Tag" bis zu einem 27-stündigen persönlichen Tag variieren. Dann verschieben sich natürlich die Zeiten, in denen Sie aufnahmefähig sind.

Vielleicht interessieren Sie sich aber dennoch für das Timing, das für über 90 Prozent aller Menschen stimmig ist: Chronobiologie nennt man den Zweig der Wissenschaft, der sich mit der inneren Uhr des Menschen befasst. Die meisten schlafen übrigens zwischen 0.30 und 8.30 Uhr bzw. würden es, wenn der Wecker nicht klingelte.

Ihr Tag

4 Uhr: Um diese Zeit schlafen Sie noch. Aber Ihr Gehirn plant bereits den kommenden Tag: Es veranlasst, dass munter machende Hormone wie Adrenalin und Cortisol ins Blut ausgeschüttet werden.

6 Uhr: Die Konzentration dieser beiden Stoffe ist nun sechsmal so hoch wie in der Nacht. Dadurch wird Ihr Immunsystem gestärkt, und Gehirn und Körper bereiten sich auf die Anforderungen des Alltags vor.

7 Uhr: Jetzt werden zusätzlich Sexualhormone ausgeschüttet – Ihre Lust ist auf dem Höhepunkt.

10 Uhr: Eine gute Zeit zum Lernen: Ihr Gehirn ist gut durchblutet, Sie sind sehr konzentriert und kreativ, Ihr Kurzzeitgedächtnis ist besonders aufnahmefähig. Lösen Sie knifflige Denkaufgaben am besten jetzt. Und wiederholen Sie das Gelernte gleich einige Male, damit es den Weg ins Langzeitgedächtnis findet. Auch Ihr Körper verfügt um diese Uhrzeit über eine gute Kondition und hervorragende Koordinationsfähigkeiten.

12 Uhr: Alles wird ein bisschen langsamer, und Sie bekommen Hunger, weil die Produktion von Magensäure angekurbelt wird. Nach dem Essen fühlen Sie sich vermutlich ein wenig müde. Eine kleine Pause ist angesagt: am besten an der frischen Luft oder mit aktiver Entspannung.

14 Uhr: Noch ist Ihr Gehirn ein wenig träge, doch Ihr Körper wird jetzt aktiv: Sie verfügen über große Kraft und sind unempfindlich gegen Schmerzen. Eine gute Zeit also für Kraftsport, Akupunktur, Massagen und – den Zahnarzt.

15 Uhr: Blutdruck und Kreislauf, Schweiß- und leider auch die Talgproduktion laufen auf Hochtouren – und Ihr Gehirn wird wieder wach.

16 Uhr: Ihr Körper will sich bewegen! Er hat jetzt sein zweites Leistungshoch am Tag. Ihre Ausdauer ist unglaublich. Könnten Sie jetzt zum Tennisschläger greifen, wäre die Wirkung Ihres Trainings in jeder Hinsicht nachhaltig.

18 Uhr: Entspannung ist angesagt. Blutdruck und Körpertemperatur sinken. Gönnen Sie sich aktive Entspannung, vielleicht durch Yoga oder Musikhören.

20 Uhr: Spätestens jetzt sollten Sie zu Abend essen, denn ab 21 Uhr möchte der Magen- und Darmtrakt am liebsten schlafen.

21 Uhr: Das brauchen Sie aber nicht! Ihr Gehirn schätzt nun ein gutes Gespräch, Geselligkeit oder Genuss – neuen Input für Ihre rechte Gehirnhälfte. Ein Glas Wein oder eine Zigarette schaden Ihnen jetzt am wenigsten.

22 Uhr: Hautpflege ist zu dieser Zeit sehr wirkungsvoll. Die Zellen Ihrer Haut teilen sich jetzt achtmal schneller als in der trägen Mittagszeit: Ihre Haut regeneriert sich.

23 –1 Uhr: Ihr Gehirn läuft wieder auf vollen Touren. Verpassen Sie es nicht, weil sie einschlafen! Jetzt ist die richtige Zeit, um kreativ zu arbeiten, neue Inhalte mit vielen Assoziationen zu versehen und zum nachhaltigen Verbleib ins Langzeitgedächtnis zu schicken. Das Abrufen bereits gespeicherter Inhalte geht durch den leichten Zugang zu Gefühlen nun besonders mühelos und schnell.

0 Uhr: Stoffwechsel, Blutdruck, Herzschlag und Körpertemperatur arbeiten nur noch minimal. Haut und Bronchien sind besonders empfindlich. Doch Ihre Gehirnfunktionen können noch sehr aktiv sein.

2 Uhr: Ihre Zirbeldrüse veranlasst die Ausschüttung von Melatonin, das unter anderem den Schlaf-Wach-Rhythmus steuert. Das geschieht allerdings nur, wenn es dunkel ist. Sitzen Sie zu dieser Zeit im – hellen – Flugzeug oder im Büro, stört das nicht nur Ihre gesamte Hormonproduktion, sondern auch den Rhythmus Ihrer Körper- und Gehirnfunktionen.

Umgekehrt: Möchten Sie abends lernen, sorgen Sie für besonders helles Licht. Dann bleiben Sie länger wach. Das sollten Sie aber nur tun, wenn Sie morgens lange genug schlafen können und wenn nachts wirklich Ihre beste Lernzeit ist.

Tageslichtleuchten entlasten zwar Ihre Augen, schaden jedoch Ihrem vegetativen Nervensystem. Damit stören Sie Ihr emotionales Gleichgewicht beträchtlich, wie neueste Studien ergaben. Ich bekomme von Tageslichtleuchten immer Kopfschmerzen und bin zu Halogenlampen zurückgekehrt. Dieses Gas soll im Gegensatz zu Radon – das Tageslichtleuchten strahlen lässt – für Menschen unschädlich sein.

Melatonin führt nachts Reparaturarbeiten im Gehirn aus und ist mitverantwortlich für das Abspeichern neuer Informationen ins Langzeitgedächtnis. Man kann also tatsächlich beim Schlafen lernen.

Ihr Konzentrationsvermögen ist abhängig von Ihrem persönlichen Tag- und Nachtrhythmus. Vielleicht hilft es Ihnen, zu festen Zeiten zu lernen und neue Informationen zu verarbeiten. Je begeisterter Sie jedoch von einem neuen Thema sind, desto unabhängiger sind Sie von bestimmten Zeiten. Sie konzentrieren sich dann einfach gern auf Ihr Thema – egal, wann.

Sauerstoff für Ihr Gehirn

Natürliches Atmen haben wir zu einem großen Teil leider verlernt. Wir sitzen zu viel. Wir sind zu vielen Stressfaktoren ausgesetzt, die sich im Laufe des Tages negativ auf unsere Atemfunktionen auswirken. Und wir haben zu wenige Möglichkeiten, unseren Stress auf natürliche Weise durch Bewegung abzubauen. Die Folge ist: Die Bauchmuskulatur verspannt, der Atem wird flach – Körper und Gehirn sind dadurch dann nicht mehr genügend mit Sauerstoff versorgt.

Eine ausreichende Sauerstoffzufuhr ist wichtig für Ihr Gehirn. Wenn Sie die Möglichkeit haben, gehen Sie eine Viertelstunde an die frische Luft, sobald Ihr Kopf raucht. Bewegung im Freien macht Ihr Gehirn topfit. Allerdings bewirken Sie das Gegenteil, wenn Sie sich sportlich verausgaben. Danach sind nicht nur Ihre Muskeln, sondern auch Ihr Gehirn müde. Vor allem bei Sportarten, bei denen es um das Gewinnen geht. Wenn Sie anschließend Ihre volle Konzentration brauchen, sollten Sie eine ruhige, gleichmäßige Bewegungsweise wildem Sport vorziehen. *Nach dem Lernen dürfen Sie!* Oder natürlich auch, wenn Sie nach dem Sport eine Pause einlegen können. Anders ist es allerdings, wenn Sie sich nach dem Sport eine Pause gönnen können. Oder fühlen Sie sich gerade ein wenig aggressiv? In diesem Fall bietet Sport Ihnen natürlich eine hervorragende Möglichkeit, sich abzureagieren, bevor Sie mental (weiter)arbeiten.

Gute Luft ist das Wichtigste für Ihren Körper. Selbst auf Wasser kann der Organismus ein bis drei Tage verzichten, nicht aber auf Sauerstoff. Wenn Luft etwas kosten würde, wäre sie das Kostbarste auf der Welt. Leider schätzt man Dinge, die man umsonst haben kann, oft gering. Dazu gehört auch ein Spaziergang. Der Vorteil: Sie führen dabei Über-Kreuz-Bewegungen aus, die Ihre verschiedenen Gehirnbereiche miteinander verbinden. Sie erhöhen damit die Sauerstoffaufnahme und Ihre Durchblutung – beides sind unabdingbare Voraussetzungen für jede Art von Denkprozessen.

Die Atmung

Es ist nicht unerheblich, wie Sie atmen. Bei langen, tiefen Atemzügen arbeiten Körper und Gehirn am besten. Langes und gleichmäßiges Ausatmen befreit Ihren Körper von Giften. Tief in den Bauch zu atmen, erhöht Ihre mentalen Fähigkeiten. Sehr oft staut man die Luft im Solarplexus – man atmet nur bis zum Magen. Dadurch wird der Atem flach. Das verhindert eine gute Durchblutung des Gehirns, und Sie verlieren Ihre Gelassenheit, werden leicht störbar. Flachatmung vermindert Ihr Konzentrationsvermögen, die Fähigkeit, Ihre Gedanken auf eine Aufgabe zu richten und Störfaktoren konsequent auszuschalten – ohne Tunnelblick. Wenn Sie sich gut konzentrieren können, sind Sie durchaus in der Lage, ein Telefonat anzunehmen oder eine Frage zu beantworten, während Sie sich mit einem komplizierten Inhalt beschäftigen. Häufen sollten sich diese Störungen jedoch nicht. Dann verlieren Sie nämlich die Lust an der Aufgabe. Unser Arbeitsspeicher im Gehirn ist nicht sehr groß, und Gedanken bleiben gerade mal zwei bis 20 Minuten darin, wenn Sie sie nicht wiederholen oder mit anderen Inhalten verbinden. Sie müssen also immer wieder von vorne anfangen, wenn Sie im Denkprozess gestört werden. Tief in den Unterleib zu atmen hilft Ihnen jedoch, nach kleineren Störungen konsequent zum Gegenstand Ihres Denkens zurückzukehren.

Tiefes und bewusstes Atmen sorgt für den notwendigen Sauerstoff, den Körper und Gehirn brauchen, um ihre Funktionen zu erfüllen.

Tief atmen heißt nicht, sich mit Luft aufzupumpen. Tief bedeutet, ganz nach unten in den Bauch zu atmen, in den Unterleib. Das ist Ihre natürliche Atemweise, die den ganzen Körper belebt. Natürlich schließt das Zwerchfell die Lungen vom Bauchraum ab. Aber wenn es sich bei der Einatmung im Idealfall weit nach unten ausdehnt, sollten Sie das Gefühl haben, dass Sie in Ihren Unterbauch atmen, unterhalb des Bauchnabels, und den gesamten Unterleib mit Luft füllen. Dabei hilft Ihnen die Vorstellung, dass Sie nicht nur in den unteren Bauch, sondern auch in den unteren Rücken atmen. Wenn Sie die Leistung Ihres Gehirns verbessern möchten, ist es immer am effektivsten, zunächst den Körper und seine Funktionen in Ordnung zu bringen. Dem Zusammenspiel von Körper und Gehirn sollten Sie daher größte Aufmerksamkeit widmen.

Wenn Ihnen das Atmen tief in Ihren unteren Bauch schwerfällt, machen Sie doch einmal folgende Übung:

Tief atmen im Liegen

Legen Sie sich auf den Boden und entspannen Sie alle Muskeln. Legen Sie sie einfach auf dem Boden ab. Lassen Sie sich mit jedem Ausatmen ein wenig tiefer in den Boden sinken. Spüren Sie Ihre Füße, die Beine, die Hüften und den Rücken, dann den Bauch und die Brust, den Nacken und Ihren Kopf. Lassen Sie sich Zeit dafür. Legen Sie Ihre Hände auf den Unterbauch unterhalb des Nabels. Atmen Sie in Ihre Hände hinein. Diese dürfen sich gut zehn Zentimeter heben, wenn Sie einatmen. Beim Ausatmen sinkt die Bauchdecke wieder zurück und wird flach. Brust und Oberbauch haben dabei Urlaub! Legen Sie, wenn Ihnen das schwerfällt, ruhig mal ein dickes Buch oder einen mittelgroßen, runden Feldstein auf Ihren Unterbauch. Atmen Sie gegen diesen Widerstand. Kontrollieren Sie mit den Händen, ob sich oberhalb des Unterleibs Ihr Bauch bewegt. Er darf zu Beginn leicht mitschwingen, sollte sich aber kaum bewegen, wenn Sie diese Atemweise korrekt ausführen. Mit etwas Übung wird Ihnen das nach ein paar Tagen gelingen.

Diese Art zu atmen sollten Sie einige Wochen lang immer wieder auf dem Boden liegend üben. Das tut sehr gut, wenn Sie abends nach Hause kommen oder sich eine Pause vom Schreibtisch gönnen. Sie macht Ihren Kopf frei, löst Spannungen und regt die Funktion Ihrer inneren Organe auf natürliche Weise an. Oft ist nur das falsche Atmen daran schuld, dass wir nichts mehr aufnehmen können.

Auch wenn Ihr Brustkorb sich beim Tiefatmen kaum wölbt, werden Ihre Lungen dabei gut belüftet. Das stärkt Ihr Immunsystem, weil durch die Lungen Gifte ausgeschieden werden.

Atmen Sie immer durch die Nase, nicht durch den Mund. Auf diese Weise gelangt die Luft vorgewärmt in die Lungen, was diese schätzen: Das ist genau das richtige „Arbeitsklima" für sie. Kleinstpartikel in der Luft müssen auf dem Weg durch die Nasenschleimhaut viel mehr Filter passieren als auf dem Weg durch den Mund.

Anspannung, Stress, Angst, Schmerz und negative Gefühle können den Atem so beeinträchtigen, dass der Gasaustausch vermindert wird und die elektrische und chemische Balance des Körpers vollkommen aus dem Gleichgewicht gerät. Auch lieblose Berührungen können die Atmung nachhaltig negativ beeinflussen. Das kann bei Kindern ein Grund für plötzliche Konzentrationsschwäche sein. Aus Schamgefühl werden körperliche Übergriffe anderer oft verschwiegen. Beziehen Sie diese Ursache in Ihre Überlegungen mit ein, wenn Sie zum Beispiel mit einem Kind arbeiten möchten, das Lernschwierigkeiten hat.

Atmen im Sitzen

Setzen Sie sich aufrecht auf einen Stuhl, ohne sich anzulehnen. Ihre Füße sollten guten Bodenkontakt haben – auch die Fersen. Ihre Knie befinden sich auf der gleichen Höhe wie Ihre Beckenknochen. Bitte legen Sie eine zusammengerollte Decke unter Ihre Füße oder stellen Sie den Stuhl niedriger, wenn Ihre Fersen den Boden nur mit Anstrengung erreichen. So sollten Sie übrigens immer sitzen. Jede andere Haltung bringt Ihre Blutzirkulation durcheinander, und das wirkt sich negativ auf Ihre Aufnahmefähigkeit aus.

Stellen Sie sich vor, Ihre Wirbelsäule wäre eine Teleskopstange: Ab der Taille abwärts dehnt sie sich nach unten, tief in die Erde. Ab der Taille aufwärts dehnt sie sich zum Himmel. Ihre Nackenwirbelsäule ist die natürliche Verlängerung der Rückenwirbelsäule. Vergessen Sie das nie, wenn Sie am Schreibtisch sitzen und mentale Höchstleistungen von sich fordern. Es lohnt sich, an dieser Vorstellung ein wenig – und vor allem immer wieder – zu arbeiten. Ist Ihr Nacken, die wichtige Verbindung zwischen Kopf und Körper, abgeknickt oder gekrümmt, ist die Blutzufuhr zum Gehirn unterbrochen. Das Konzentrieren fällt dann schwer.

Ihr Kopf schwebt auf dem höchsten Nackenwirbel, ohne jede Anstrengung, nur von der Schwerkraft gehalten. Achten Sie auf eine aufrechte Kopfhaltung. Ihr höchster Scheitelpunkt sollte wirklich der oberste Teil Ihres Kopfes sein. Beobachten Sie sich ein wenig in der nächsten Zeit, ob Sie dazu neigen, beim Schreiben oder Zuhören den Kopf zur Seite zu neigen oder nach vorne zu beugen. Das heißt natürlich nicht, dass Sie ganz starr dasitzen sollten. Sie dürfen alles machen mit Ihrem Kopf, sofern Sie es nicht zu lange tun und immer wieder zur Grundposition zurückkehren.

Legen Sie nun eine Hand auf den Unterbauch, die andere auf den unteren Rücken und atmen Sie zwischen beide Hände. Unter der vorderen Hand wölbt sich der Bauch bei jedem Einatmen kräftig, hinten natürlich weniger. Weshalb? Hinten gibt es außer Haut und Knochen nichts, was die eingeatmete Luft verdrängen könnte, vorne jedoch einiges: Ihre Gedärme, die Blase, bei Frauen dazu noch die Eierstöcke und die Gebärmutter. Beim Ausatmen wandert die Bauchdecke wieder zurück und wird flach. Verbinden Sie mit dem Ausatmen ein langes *sssssssss*. Damit trainieren Sie das lange, gleichmäßige Ausatmen ebenso wie das tiefe Bauchatmen.

Wenn Sie alle Luft ausgeatmet haben – Ihr *s* also zu Ende gebracht ist –, lassen Sie die Bauchdecke einfach los: Sie wölbt sich dann wieder nach außen. Das ist die wichtigste Phase des Atmens. Es handelt sich hier um das sogenannte passive Einatmen, das die Luft genau dosiert. Das wirkt jeder Hyperventilation entgegen und verhindert so Blutleere im Kopf. Richtiges Einatmen geschieht durch das Weiten der Bauchdecke, nicht durch bewusstes Luft-durch-die-Nase-ziehen.

Üben Sie diese natürlichen Atemfunktionen ein wenig, wenn Sie Ihre Konzentrationsfähigkeit erhöhen möchten.

Tragen Sie keine engen und spitzen Schuhe, vor allem nicht, wenn Sie stundenlang sitzen. Das verhindert nicht nur eine gute Blutversorgung Ihrer grauen Zellen, sondern noch viel mehr: Wichtige Denkbereiche werden in ihrer Funktion gestört. Ihren Zehenkuppen sind nämlich große Areale im Gehirn zugeordnet. Daher ist es so wirksam, die Füße und Zehen zu bewegen, wenn Sie Ihre Konzentrationsfähigkeit steigern möchten. Auch das Aneinanderlegen Ihrer Fingerspitzen ist ähnlich wirkungsvoll. Das kennen Sie bereits aus dem SOS-Programm.

Atmen im Stehen

Auch im Stehen sollten Sie das tiefe Atmen trainieren. Stellen Sie sich dabei vor, dass Sie in einem dicken Schwimmring stecken, der rund um die Partie unterhalb Ihres Nabels liegt. Beim Einatmen halten Sie ihn mit Ihrem Bauch fest, beim Ausatmen haben Sie kaum noch Kontakt zu ihm. Fällt Ihnen diese Atemtechnik schwer, binden Sie sich einen Gürtel oder einen festen Schal um Ihren Unterleib und atmen Sie kräftig an diese Stelle – so lange, bis es Ihnen zur Selbstverständlichkeit geworden ist. Das kann schon ein paar Wochen dauern, wenn Sie bisher immer falsch geatmet haben, aber die Mühe lohnt sich. Sie werden sich beim Bauchatmen viel besser konzentrieren können. Schließlich haben Sie ja auch ein Gehirn im Bauch.

Stehen Sie dabei ganz ruhig. Ein stabiler Stand signalisiert Ihnen selbst und anderen, dass Sie einen Standpunkt vertreten. Sie wirken dadurch authentisch und überzeugend.

Auch Ihre Stimme profitiert davon: Richtiges Atmen verleiht ihr Klang und Volumen. Mit Klang in der Stimme aktivieren Sie Ihre rechte Gehirnhälfte, Ihr Sprechen wirkt lebendiger und Ihren Gesprächspartnern fällt es leichter, Ihnen zuzuhören.

Anspannung können Sie mit der Tiefenatmung locker wegatmen. So geraten Sie nicht in Stress – noch nicht einmal bei einer Prüfung.

Vielleicht haben Sie Lust, die folgende Übung auszuprobieren, mit der Sie sich das richtige Atmen mühelos bewusst machen können. Am einfachsten funktioniert sie, wenn Sie nackt sind.

Reiben Sie die Partie unterhalb Ihres Buchnabels vorne, seitlich und hinten im Kreuz mit einem Mentholöl oder -balsam ein, als ob Sie sich einen Schwimmring aufmalten, der um Ihren Unterleib am Körper anliegt. Dann tragen Sie die kühlende Substanz außen an den Ellenbogen und innen am Knie auf – nicht in der Kniekehle, sondern an der Innenseite des Beins. Atmen Sie in Ihrer Vorstellung überall dorthin, wo Sie Kühle spüren. Verbinden Sie Ihre Atemübungen immer mit Genuss und Lebensfreude, dann stellt sich der natürliche Atemfluss leicht ein. Sie stärken damit auch Ihr emotionales Gleichgewicht.

Atmen Sie nie ein und aus, als ob Sie einen Lichtschalter an- und ausknipsten. Stellen Sie sich lieber eine Schleife vor: Ein- und Ausatmen gehen ineinander über. Die letzte Phase des Ausatmens bereitet schon wieder das Einatmen vor und umgekehrt. Geben und Nehmen sind im Einklang. Nach diesem Prinzip funktioniert auch das Zusammenspiel Ihrer Organe: Der Magen nimmt Nahrung auf, verarbeitet sie und gibt sie wieder ab. Genauso macht es Ihr Gehirn. Es nimmt Informationen auf, verarbeitet sie und leitet sie dann weiter – in andere Gehirnbereiche, die das Gleiche tun. Selbst im Langzeitgedächtnis wird ständig umgeschichtet.

Stellen Sie sich vor, dass nicht *Sie* atmen, sondern *es*. Denken Sie einfach: Es atmet mich. Dann gerät Ihr Atem nicht ins Stocken, und Sie sind in vollem Einklang mit sich und der Welt.

Verbinden Sie ab jetzt jede Ihrer Bewegungen mit Ihrem Atem. Ja, auch die kleinen, unaufwendigen wie Aufstehen, Kaffee aufsetzen, einen Gegenstand vom Regal nehmen. Nutzen Sie die Zeit neben dem Kopierer, im Lift oder beim Warten auf Ihre U-Bahn, um tief in Ihren Unterleib zu atmen.

Machen Sie sich bewusst, wie wichtig es ist, jede Bewegung mit dem Atem zu verbinden. Probieren Sie zunächst das Gegenteil aus: Gehen Sie mit angehaltenem Atem durch den Raum. Bleiben Sie stehen, wenn Sie einatmen müssen, und gehen Sie dann erst weiter. Bleiben Sie jedes Mal stehen, wenn Sie atmen müssen, und bewegen Sie sich dann mit angehaltenem Atem. Wie fühlen Sie sich dabei? Vermutlich wie ein Roboter; das Konzentrieren fällt schwer. Und jetzt machen Sie Schritte, Bewegungen und große Gesten in den Raum hinein mit Ihrem Atem. Sagen Sie dabei *hu*, *ho* und *ha*, nicht kurz und zackig wie in Kung-Fu-Filmen, sondern normal – weich, aber nicht leise. Dieses *hu* steht für Ihr natürliches Ausatmen. Verbinden Sie dann auch ganz natürliche Bewegungen wie Hinsetzen, Bücken, Heben und Stellen von Gegenständen, sich Umdrehen und jemanden Umarmen mit Ihrem Atem. Wie fühlt sich das an? Es ist ein Gefühl, als ob der Atem Sie trüge. Jede Ihrer Bewegungen wird weich, fließend und harmonisch. Nicht nur Ihr Kleinhirn, das Ihre Bewegungen steuert, wird das zu schätzen wissen und präziser arbeiten können. Auch alle anderen Gehirnbereiche werden dadurch stimuliert.

Ihr Arbeitsplatz

Machen Sie den Raum, in dem Sie arbeiten, zu Ihrem Verbündeten.

Wenn Sie ihn frei gestalten könnten, wie sollte Ihr idealer Arbeitsplatz beschaffen sein? Ruhig, werden Sie sagen. Zumindest die meisten von Ihnen. Natürlich gibt es auch die Ausnahmen, die am liebsten in Cafés und anderen Orten lernen, die sehr belebt sind. Für Sie mag es vielleicht nicht so wichtig sein, ob Ihr Arbeitsplatz geräuscharm ist. Für alle anderen ist dieser Punkt jedoch sehr wichtig. Im Büro können Sie das nicht immer bestimmen – leider! Aber wenn Sie ein Büro für sich allein haben, sollten Sie die Möglichkeit nutzen, die Tür zu schließen, wenn Sie konzentriert arbeiten möchten. Erziehen Sie die anderen zum Klopfen. Vielleicht sind Sie auch in der glücklichen Lage, über Ihre störungsfreien Zeiten selbst bestimmen zu können, wie im Hotel. Ein „Bitte nicht stören"-Schild kann manchmal wahre Wunder bewirken. In Labors, Foto- und Filmstudios darf man schließlich auch nicht in laufende Versuche oder Aufnahmen hineinplatzen. Zu Hause schützt Sie das ebenso vor ständigen Unterbrechungen, die nicht sein müssen. Ihre Kinder lernen, Ihre Arbeitszeiten zu respektieren, Ihre Mitbewohner ebenfalls. Eine Störung verkraftet man in der Regel – aber nicht mehr. Der Arbeitsspeicher in Ihrem Gehirn ist nicht sehr groß. Bei einer Störung verliert sich der gerade gedachte Gedanke daher schnell, und Sie müssen wieder von vorne anfangen. Es dauert auch meistens ein paar Minuten, bis man wieder „drin" ist. Erlauben Sie daher nicht, dass man Ihnen die Zeit und die Lust am Arbeiten nimmt.

Wenn es möglich ist, stellen Sie das Telefon in dieser Zeit auf lautlos, das Handy natürlich auch. Wofür hat man denn seine Mailbox?

Sollten Sie gezwungen sein, in einem Raum zu arbeiten, über dem Bohrer hartnäckig an Ihren Nerven zerren, stecken Sie sich kleine Stöpsel in die Ohren. Es gibt sehr angenehme, weiche aus Wachs in Apotheken. Im Büro empfiehlt sich das natürlich nicht, und es ist generell auch nur eine Notlösung. Wenn man nichts hört, fühlt man sich beim Denken oft gehandicapt, denn die inneren Vorgänge beim Wahrnehmen von Geräuschen und der „Datenverarbeitung" im Gehirn sind eng verzahnt. Denken Sie über Ausweichmöglichkeiten nach, auch über andere Arbeitszeiten. Vielleicht können Sie sich die Zeit ja frei einteilen. Dann machen Sie lieber einen Spaziergang, solange gebohrt wird, und arbeiten Sie am Abend.

Es ist generell von Vorteil, wenn Sie herausfinden, zu welchen Zeiten Sie am besten lernen und Informationen aufnehmen können und wann Ihnen mehr nach sozialen Kontakten oder körperlichen Tätigkeiten ist.

Zurück zum idealen Platz am Schreibtisch. Hier sollten Sie nicht mit dem Rücken zum Fenster oder gar zu einer Tür sitzen. Reflexe aus Urzeiten verschaffen uns immer ein leicht angespanntes Gefühl, weil wir nicht wissen, was in unserem Rücken geschieht. Da könnte ja jemand mit einem Messer in der Hand stehen, warnt das Gehirn dann und schaltet ein paar Signallampen ein, nur für den Fall … Auch das ist eine Form von Stress, der Sie an konzentriertem Arbeiten hindert.

Über die Farben und ihre Wirkung auf Ihren Körper und das Gehirn lesen Sie im Kapitel *Licht und Farben* mehr. Für Ihren Arbeitsplatz gilt: Ruhige, helle Farben mag Ihr Gehirn am liebsten, wenn es eigene Schlüsse aus Gelerntem ziehen soll. Allzu Grelles lenkt ab. Der Raum, in dem Sie arbeiten, sollte nicht zu sehr von Bildern, Dekorationen und unruhigen Dessins bestimmt sein. Je leerer, desto besser. Alles, was nichts mit Ihrer Arbeit zu tun hat, sollten Sie aus Ihrem Blickfeld verbannen.

Das betrifft auch Ihren Schreibtisch: Räumen Sie alles weg, was nichts mit Ihrem Thema zu tun hat. Das lenkt zu sehr ab und zerstreut Ihr Denken. Legen Sie Bearbeitetes und alles, was Sie später bearbeiten möchten, ordentlich ab und beschriften Sie die Ordner genau, möglichst auch mit Datum. Das hilft Ihnen sehr, wenn Sie erst Tage später wieder zu diesem Stapel gelangen. Das Gleiche gilt natürlich auch für die Dateien in Ihrem Computer. Leider verliere ich selbst viel Zeit durch Suchen, weil Ablage mit Datum nicht gerade zu meinen Stärken gehört.

Wenn Sie einmal eine Stunde Zeit haben oder sich kreativ entspannen möchten, probieren Sie doch einmal verschiedene Farben in Ihrem Arbeitsraum aus. Improvisieren Sie mit Schals, Decken und Papierbögen. „Leben" Sie ein paar Tage mit den neuen Farben und spüren Sie die Wirkung auf Ihren Arbeitsstil. Ändern Sie das Raumoutfit so lange, bis Sie zufrieden sind und sich wohlfühlen. Dann konzentrieren Sie sich viel leichter auf Ihr Thema.

Vielleicht inspiriert Sie leise Musik im Hintergrund. Es sollte ruhige Musik sein, ohne größere Wechsel im Tempo, im Rhythmus und in der Lautstärke, sonst ist sie zu ablenkend. Probieren Sie es aus. Manchmal gelangt man dann doch zu der Einsicht, dass vollkommene Stille für das Aufnahmevermögen das Beste ist.

Verlassen Sie Ihren Sitzplatz regelmäßig, wenn Sie ein Bewegungsmensch sind. Ihr Gehirn schätzt das sehr. Auch beim Spazierengehen können Sie gut über eine Aufgabe nachdenken. Nehmen Sie Zettel und Bleistift mit, falls Ihnen dabei etwas zu Ihrem Thema einfällt. Die besten Gedanken entstehen, wenn Sie gar nichts denken, den Kopf

„leer" machen und die Eindrücke der Natur in sich aufnehmen. Wenn Sie dann nicht gerade über ein Beziehungsproblem nachdenken, sondern alles, was nicht zu Ihrem Thema gehört, sofort wegfiltern, werden die guten Ideen nur so sprudeln. Denn das Gehirn „denkt" weiter, wenn Sie gehen, Geschirr spülen oder schlafen. Praktisch!

Nutzen Sie auch Wartezeiten, etwa beim Arzt oder im Zug, um „ungeordnet" über Ihr Thema nachzudenken. Erlauben Sie sich freie Assoziationen, die durchaus humorvoll oder verrückt sein dürfen – auch bei sehr ernsten Themen. Das erweitert Ihren Blickwinkel, und Sie können sich neue Informationen leichter merken.

Sehr gut geeignet, um sich ein Thema durch freie Assoziation vertraut zu machen, es auf persönliche Weise zu bearbeiten, ist das faule Liegen im Bett. Lassen Sie Ihre Gedanken ein wenig schweifen und lenken Sie sie dann sanft zum Thema hin. Sie sind dabei sehr entspannt, was Ihr Gehirn schätzt, wenn es neue Vernetzungen erstellen soll. Und Sie sind viel freier als am Schreibtisch. Beim Liegen und An-die-Decke-Blicken gelingen Ihnen gewagte Verknüpfungen, Schlüsse, die Sie innerhalb Ihrer Pflichtkoordinaten am Schreibtisch nie gezogen hätten. Und Buch und Block können Sie ja neben sich legen, falls Sie etwas nachlesen oder aufschreiben möchten.

Richtiges Sitzen

Wenn Sie viel sitzen müssen, sollten Sie Ihre Stühle regelmäßig wechseln. Ein ergonomischer Hocker ist zwei Stunden lang wunderbar, aber dann schmerzt eben doch das Kreuz, weil Ihre Wirbelsäule beim Sitzen gestaucht wird, egal, in welcher Haltung Sie sitzen. Dann sollten Sie einige Lockerungsübungen machen und Ihren Stuhl wechseln. Vielleicht können Sie sich sogar im Büro neben den üblichen Bürostuhl noch einen kleinen Hocker stellen, wie ihn Physiotherapeuten benutzen. Das ist eine Abwechslung, die Ihr Rücken sehr zu schätzen weiß. Das ist genauso wohltuend wie das Wechseln von Schuhen an langen „Stehtagen". Sollten Sie über einen längeren Zeitraum hinweg viele Stunden am Tag sitzen müssen, ziehen Sie in Betracht, dass Sie sich mit einem Stehpult ein wenig Abwechslung verschaffen könnten. Oder mit einem höhenregulierbaren Tisch für Ihren Computer.

Beim Faktenpauken können Sie zwischendurch auf- und abgehen oder einen Spaziergang machen. Durch die Über-Kreuz-Bewegungen beim Gehen kann das Gehirn die neuen Informationen viel leichter einprogrammieren.

Schieben Sie Ihren Stuhl nahe an die Tischkante, sonst müssen Sie Ihren Rücken zu sehr krümmen. Das unterbricht die dringend benötigte Blutzufuhr zum Gehirn, ebenso das Neigen Ihres Nackens beim Schreiben oder Lesen. Legen Sie das Papier, auf dem Sie schreiben, oder die Buchseite, die Sie lesen, gerade vor sich hin, und zwar genau in die Mitte vor Ihren Körper. Verschieben Sie Blatt oder Block nach oben, wenn Sie im unteren Drittel schreiben, sonst krümmen Sie Ihren Nacken zu sehr. Damit würden Sie Ihr Denken behindern. Ihr Unterarm sollte mindestens zur Hälfte aufliegen können. Halten Sie den Stift locker und nicht zu steil zwischen Daumen und Zeigefinger, der Mittelfinger stützt ihn von unten.

Wenn Sie am Bildschirm schreiben, sollte dieser nicht zu tief vor Ihnen stehen, sondern sich besser auf Ihrer Augenhöhe befinden – wenn Sie aufgerichtet sitzen! – und leicht geneigt sein. Ein 30-Grad-Winkel ist dafür optimal. Stellen Sie die Helligkeit genau ein.

Die Tastatur sollte in Ellbogenhöhe sein, sodass Ihre Unterarme einen 90- bis 95-Grad-Winkel zu den Oberarmen bilden. Die Maus belastet

Ihre Sehnen an Hand und Arm am wenigsten, wenn Sie sie so nahe wie möglich an der Tastatur bewegen. Jede körperliche Belastung wirkt auf Ihre Konzentrationsfähigkeit störend. Wohlbefinden ist eine wesentliche Voraussetzung für effizientes Lernen und Arbeiten.

Für einen besseren Überblick und ein wenig mehr Durchblutung im Kopf können Sie Ihre Unterlagen auch mal auf dem Boden ausbreiten und davor knien. Jede Haltungsänderung beeinflusst die Gehirnaktivität günstig. Doch sitzen Sie auch hierbei so aufrecht wie möglich, der Nacken sollte nie gekrümmt sein. Lieber beugen Sie den Oberkörper ausnahmsweise mal nach vorne.

Sitzen ist gar nicht so einfach. Richtig für Wirbelsäule und Gehirn ist es, wenn Sie in drei 90-Grad-Winkeln sitzen: Oberkörper – Oberschenkel, Oberschenkel – Unterschenkel und Unterschenkel – Fuß. Legen Sie sich etwas unter die Füße, wenn Ihnen die genormten Bürostühle zu hoch sind. Sie sind selten für Frauen und kleinere Männer konzipiert. Die Knie sollten nicht tiefer als Ihre Beckenknochen sein, andernfalls ist gute Durchblutung vor allem im Rücken nicht gewährleistet. Diese ist jedoch die Voraussetzung für eine gute Durchblutung im Gehirn. Außerdem wird dabei Ihr Becken nicht abgeknickt. Das ist für eine tiefe und gleichmäßige Atmung wichtig – eine weitere Voraussetzung für gute Konzentration. Ihre Füße sollten guten Bodenkontakt haben, auch die Fersen. Was nicht geerdet ist, können Sie nämlich nicht in die Welt setzen, auch die besten Gedanken nicht. Weil andere Sie dann nicht wahrnehmen. Ihre Inhalte erreichen sie nicht, wenn Sie nicht mit beiden Beinen auf dem Boden der Tatsachen stehen – egal, wie interessant sie sind.

Kalte Füße können das Denken stark beeinträchtigen. Leider merkt man das oft viel zu spät. Stillsitzen vor allem vor dem Computer ist nichts für Kreislaufschwache. Meistens sind eiskalte Gliedmaßen die

Folge. Hüllen Sie – wenigstens zu Hause – Ihre Füße in eine Decke oder legen Sie zwei Wärmflaschen unter Ihre Fußsohlen. Das gilt vor allem für Frauen.

Warum Frauen leichter frieren

Männer dürfen diesen Abschnitt auch gern lesen – umso mehr Verständnis bringen Sie dann für Ihre Kolleginnen und Mitarbeiterinnen auf!

Frauen frieren leichter als Männer. Sie haben schneller kalte Hände und Füße. Schuld daran ist das Verhältnis von Muskelmasse zu Fettanteil im Körper. Zum Vergleich: Der Körper des Mannes besteht zu durchschnittlich 40 Prozent aus Muskeln und zu 15 Prozent aus Fett. Bei Frauen sieht dieses Verhältnis vollkommen anders aus: Ihre Muskulatur ist weit weniger ausgeprägt. Der weibliche Körper besteht aus durchschnittlich 25 Prozent Muskelmasse und knapp 25 Prozent Fett – das alles natürlich im Hinblick auf eine mögliche Schwangerschaft. Fett kann Wärme zwar isolieren, aber nicht herstellen. Dafür ist die Muskelarbeit zuständig. Früher wurde diese kleine Ungerechtigkeit der Natur eben mit der Gleichung „Weniger Wärmeerzeugung, dafür bessere Isolation" wettgemacht. Heutzutage ist das Schönheitsideal jedoch eine schlanke Silhouette, und Frauen müssen gegen jedes Pfund Fett ankämpfen. Daher können Sie weder genügend Wärme erzeugen noch verfügen Sie über eine ausreichende Wärmeisolierung.

Ein weiterer Grund für das stärkere Kälteempfinden der Frau ist ihre relativ dünne Haut. Die männliche Oberhaut ist um 15 Prozent kräftiger als die weibliche. Bei drohendem Wärmeverlust verengen sich die Gefäße, und die Durchblutung der Haut verringert sich. Das geschieht viel leichter bei dünner Haut als bei dicker. Die Hautoberfläche einer

Frau wird dann bis zu drei Grad kühler als die eines Mannes. Das führt dazu, dass der Temperaturunterschied zwischen der Haut und dem Körperinneren größer ist als beim Mann. Der Grund liegt im Schutz des ungeborenen Lebens. Innen soll es warm sein, nicht außen! Dementsprechend haben Frauen ein gesteigertes Kälteempfinden.

Bitte seien Sie sich dessen bewusst und orientieren Sie sich nicht am Kälte- bzw. Wärmeempfinden Ihres Partners, Ihrer Kollegen und Ihrer fülligeren Umgebung, wenn Sie selbst schlank sind und frösteln. Heizen Sie mehr als andere, hüllen Sie sich in dicke Felle oder Decken und – wärmen Sie sich von außen und von innen und mit etwas Muskelaktivität auf, bevor Sie von Ihrem Gehirn Höchstleistungen fordern.

Frische Luft und guter Duft

Ansonsten sollte der Raum, in dem Sie konzentriert arbeiten möchten, nicht übermäßig warm sein. Lüften Sie zwischendurch immer wieder. Sei ahnen nicht, wie viel Sauerstoff Denkprozesse verbrauchen! Öffnen Sie die Fenster vor Arbeitsbeginn ausgiebig und unterbrechen Sie später öfter mal für ein kurzes Stoßlüften. Nutzen Sie die kurze Pause für ein paar tiefe Atemzüge am offenen Fenster.

Wenn Sie in Ihrem Thema so richtig „drin" sind, unterbrechen Sie jedoch auf keinen Fall den Fluss Ihrer Gedanken. Stellen Sie sich lediglich etwas zu trinken bereit, denn Denken erfordert viel Flüssigkeit. Sie halten dann länger durch.

Stimulierende Gerüche wirken sich günstig auf die Konzentration aus. Für das Büro sind Zitrusdüfte wie Orange, Bergamotte, Zitrone, Lemongrass und Mandarine gut geeignet.

Im Büro sollten Sie nach Möglichkeit für einen kleinen Sichtschutz sorgen, der Ihnen das Gefühl gibt, dass Sie vom Schreibtisch Ihres Kollegen getrennt sind und Ihren eigenen Bereich haben. Dafür eignet sich beispielsweise eine Pflanze sehr gut. Sitzt Ihr Kollege Ihnen direkt gegenüber, stellen Sie den Bildschirm nach Möglichkeit so, dass sein Gesicht verdeckt ist, wenn Sie am Computer arbeiten.

Sitzen Sie viel zu Hause, wenn Sie neue Lerninhalte studieren? Dann sollten Sie, wenn es sich nicht nur um eine Übergangsphase handelt, auch auf das Material von Teppichen und Vorhängen achten. Viele Teppichböden dünsten chemische Stoffe aus, die für Allergiker eine echte Belastung darstellen können. Parkett ist in jedem Fall vorzuziehen, vielleicht in Kombination mit einem Wollteppich. Es gibt aber auch hochwertige Teppichböden aus reiner Baumwolle oder Wolle. Auch die Vorhänge sollten nicht aus Synthetikmaterial sein, aus den gleichen Gründen.

Wahrnehmen durch die Sinne

Wir nehmen die Welt um uns herum durch unsere fünf Sinne wahr. Sie senden Tausende von Impulsen zum Gehirn, das diesen Input zu einem sinnvollen Ganzen formt. Hierbei wird vieles herausgefiltert, was für das Gehirn Nebensache ist. Wenn Sie zum Beispiel eine Präsentation halten oder ein wichtiges Gespräch führen, werden auch Informationen über die Raumtemperatur und den leeren Zustand Ihres Magens „gefunkt", möglicherweise auch, dass ein Schuh drückt oder in einem entfernt liegenden Büroraum ein Telefon klingelt. Da dies nichts mit Ihrer momentanen Aufgabe zu tun hat, filtert das Gehirn diese störenden Meldungen „eigenmächtig" heraus. Sie registrieren das gar nicht. Sie setzen einfach die Präsentation oder Ihr Gespräch fort. Dabei sind Sie durchaus in der Lage, neue Informationen aufzunehmen und zu verarbeiten, sofern diese themenbezogen sind. Ihr Gehirn hat sie von Störgedanken weitgehend befreit. Und dennoch sind Ihre Sinne die ganze Zeit über aktiv und funken ständig ihre Eindrücke an das Gehirn.

Erst wenn einer unserer Sinne ausfällt, bemerken wir, wie sehr unsere gesamte Wahrnehmung reduziert ist. Erinnern Sie sich an Ihren letzten Schnupfen: Wenn wir Gerüche nicht wahrnehmen können und das Essen nach nichts schmeckt, fühlen wir uns scheußlich. Schon bei einer solch geringen Beeinträchtigung sind wir frustriert und ein wenig orientierungslos – auch beim Denken.

Für Ihr Gehirn sind Ihre Sinne das wichtigste Instrument – Ihre Antennen zu Ihrer Umwelt. Sehen, Hören, Tasten, Schmecken und Riechen verdienen daher ein wenig Aufmerksamkeit. Was sie leisten, ist First-Class-Service für Ihr Gehirn – rund um die Uhr.

Trainieren Sie daher Ihre sinnliche Wahrnehmung ein wenig. Wir begreifen unsere Umwelt nur als Ganzes, wenn wir sie mit allen Sinnen er-, um- und begreifen. Das können Sie trainieren, indem Sie auch den alltäglichen Dingen Aufmerksamkeit schenken. Ihr Tastzentrum im Gehirn ist riesig und steht in regem Austausch mit allen anderen Gehirnbereichen. Auch Ihrem Gehör, Geruchs- und Geschmackssinn sowie den Sinnen für Temperatur und Schwerkraft sind große Areale im Gehirn zugeordnet. Unterschätzen Sie daher die Stimulation dieser Gehirnregionen nicht!

Mit der „Kaffeetasse-Übung" trainieren Sie Ihr Wahrnehmungsvermögen anhand von Dingen, die Sie sonst nur funktional benutzen. So schulen und wecken Sie Ihre Sinne für Ihre Umgebung.

Die Kaffeetasse

Setzen Sie sich an einen Tisch. Ihre volle Kaffeetasse steht vor Ihnen.

Berühren Sie Ihre Kaffeetasse.

Lassen Sie die Finger mit voller Aufmerksamkeit über den Becher gleiten.

Stellen Sie Ihrem Tastsinn Fragen: Wie fühlt sich die Oberfläche an? Wo ist der Henkelansatz, in welchem Abstand zum Rand und zum Boden der Tasse befindet er sich? Wie viele Finger schiebe ich unter den Henkel? Wie viel Kraft muss ich aufwenden, um die Tasse zu halten? Welche Muskulatur ist daran beteiligt? Welche Temperatur hat der Becher?

Lassen Sie die Augen bewusst über die Tasse gleiten: Welche Form hat sie? Wie viele Farben? Gleicht sie einem anderen Gegenstand? Wie viel ist von meiner Hand zu sehen, wenn ich den Becher umfasse? Und wie viel vom Gegenstand? Von wo fällt das Licht auf die Tasse? Welche Teile des Bechers liegen im Schatten?

Schließen Sie die Augen. Stellen Sie sich nochmals die gleichen Fragen. Beantworten Sie sie sehr spontan für sich selbst. Oder noch besser: Lassen Sie Ihre Sinne die Fragen beantworten.

Schnuppern Sie dann an Ihrer Tasse: Wie riecht ihr Inhalt? Woran erinnert mich dieser Geruch? Verbinde ich eine Assoziation oder Erinnerung damit? Ist mir der Geruch angenehm?

Beteiligen Sie auch Ihre Ohren: Wie klingt es, wenn ich sanft über die Tasse streiche? Sie schüttle? Sie abklopfe? Erzeugen verschiedene Stellen verschiedene Geräusche?

Und nun sollte Ihr Geschmackssinn auf seine Kosten kommen. Führen Sie die Tasse zum Mund und nehmen Sie einen Schluck. Schmecken Sie Ihren Tee oder Kaffee einmal ganz konzentriert, ohne dabei an Bilanzen zu denken oder sich zu unterhalten. Sie können das natürlich mit allem üben, was Sie zu sich nehmen.

Riechen und Schmecken „arbeiten" übrigens eng zusammen. Die Nase gibt uns darüber Aufschluss, was genießbar ist. Im Grunde sollten wir immer zuerst die Nase und dann den Geschmackssinn entscheiden lassen, was wir essen möchten.

Haben Sie nach dieser Übung einen anderen Bezug zu Ihrer Kaffeetasse? Ist sie Ihnen vertrauter geworden?

Hat sich Ihre Wahrnehmung auch anderen Dingen gegenüber verändert?

Wiederholen Sie das Experiment bei Gelegenheit mit verschiedenen Gegenständen oder auch mit Tätigkeiten wie Duschen, Schminken und Autofahren (bei abgestelltem Motor!).

Sie machen sich durch diese Technik nicht nur Ihre Umgebung vertraut, sondern lernen vor allem auch, sich selbst und Ihrer eigenen sinnlichen Wahrnehmung zu vertrauen. Denn diese ist Ihr direkter Draht zum Gehirn und auch für eine schnelle Abrufbarkeit von Inhalten verantwortlich. Wenn Sie mit geöffneten Sinnen durch die Welt gehen, machen Sie es Ihrem Gehirn leicht, neue Informationen abzuspeichern und mit Vorhandenem so zu verknüpfen, dass sie Ihnen jederzeit zur Verfügung stehen.

Licht und Farben

Ihr Gehirn ist für Licht und Farben sehr empfänglich.

Wissenschaftliche Studien haben ergeben, dass beides durch ihre verschiedenen Schwingungsfrequenzen auf den *Hypothalamus*, die Schaltzentrale unseres Körpers, einwirkt, der das Nerven- und das hormonelle System und damit fast alle lebensnotwendigen Vorgänge im Körper steuert. Mehr als 100 Körperfunktionen, die einem festen Ablauf folgen und sich regelmäßig wiederholen, orientieren sich am Rhythmus von Tag und Nacht, von Hell und Dunkel.

Alle Religionen haben sich dieses Wissen zunutze gemacht: Metaphysische Erscheinungen werden immer in überirdischem Licht dargestellt. Heilige haben einen Lichtkranz um den Kopf, Engel Flügel aus Licht. Zum Beten und Meditieren entzündet man Kerzen oder Feuer. „Mehr Licht!" soll Goethe auf dem Sterbebett gesagt haben, und Diogenes bat einen Soldaten der feindlichen Armee, ihm doch aus dem Licht zu gehen – was er allerdings mit dem Leben bezahlte.

Einfach mal zwischendurch in die Sonne blinzeln verstärkt Ihr ganzheitliches Denken. Das wird Ihnen besonders dann helfen, wenn Sie sich gedanklich irgendwo festgefahren haben. Oder Sie blicken in die ruhige Flamme einer Kerze. Bei einer diagnostizierten Netzhautschädigung sollten Sie jedoch auf diese Übung verzichten.

Ein kinesiologischer Tipp, falls Sie sich vollständig in einen Gedanken „verbissen" haben und sich nicht von ihm lösen können, ist folgender: Blinken Sie – mit geschlossenen Augen natürlich – ein paar Mal mit einer kleinen Taschenlampe auf die Stelle zwischen Ihren Augenbrauen. Das befreit Ihr Denken aus der Sackgasse.

Sorgen Sie auch während der Arbeit für gutes Licht: Wenn Sie Ihre Augen anstrengen müssen, bedeutet das Mehrarbeit für Ihr Gehirn. Tageslichtleuchten sind zwar für die Augen entlastend, aber wissenschaftlich nicht unumstritten. Halogenlampen verbreiten ebenfalls helles Licht.

Kleine Farbenlehre

Die Farben in Ihrer Umgebung beeinflussen Ihre mentalen Fähigkeiten. Das Einheitsgrau in deutschen Büros bietet dem Gehirn keine wohltuende Stimulation für seine Arbeit. Dagegen fördern sanfte, helle Farben wie Vanille, Cremeweiß, weiches Gelb und Apricot gute Laune, den natürlichen Atemfluss und die Lust, sich einer Aufgabe gelassen zu widmen.

„Er ist rot vor Wut" macht deutlich, wie Rot auf unser vegetatives Nervensystem wirkt: Es beschleunigt den Pulsschlag, verstärkt die Durchblutung und erzeugt Wärme – das ist physikalisch nachweisbar. Rot im Übermaß kann hyperaktiv und aggressiv machen und das Interesse an Sexualität auch da wecken, wo es Sie von der Erfüllung Ihrer täglichen Aufgaben abhält. Gezielt eingesetzt hält Rot jedoch wach, wenn Sie Ihr nachmittägliches Tief haben, und wärmt Frauen, die zum Frieren neigen.

Blau beruhigt und wirkt kühlend. Wenn Sie sich nach Ruhe und Frieden sehnen, hilft Ihnen Blau. Dunkelblau hat eine zu beruhigende Wirkung, wenn Sie sich konzentrieren möchten, es sei denn, Sie stehen gerade sehr unter Spannung. Helles Blau dagegen fördert Ihre Denkleistung und Ihre kommunikativen Fähigkeiten, besonders sprachliche Formulierungen. Es kann auch Ihre Nebenhöhlen und Stimmbänder günstig beeinflussen. Wenn Sie auf etwas Hellblaues blicken, können Sie besser zuhören und gewinnen einen felsenfesten Glauben an Ihren Erfolg.

Ich hielt einmal mehrere Monate lang abwechselnd in zwei Räumen Seminare, deren Böden dunkelblau und sonnengelb waren. Im blauen Raum musste ich schon morgens gegen Schläfrigkeit ankämpfen und mich sehr bemühen, die Aufmerksamkeit meiner Teilnehmer zu erhalten. Es fiel mir selbst nicht leicht, mich zu konzentrieren. Ich fror ständig. Im gelben Raum dagegen war ich hellwach, fühlte große Spannkraft in meinem Körper, war höchst konzentriert und sah mich interessierten und aufmerksamen Zuhörern gegenüber – ein Unterschied wie zwischen Tag und Nacht. Die Teilnehmer waren übrigens in beiden Fällen die gleichen.

Gelb erhöht die körperliche und mentale Spannkraft. Schon eine gelbe Blume auf dem Schreibtisch kann diesen Effekt hervorrufen. Sie können sich auch eine Margerite *vorstellen* und mit geschlossenen Augen eine Minute lang auf ihre dotterfarbene Mitte blicken. Danach werden Sie wieder wacher sein. Die Redewendung „Gelb vor Neid" deutet auf eine Beziehung dieser Farbe zur Leber hin. Die Leber ist das wichtigste Entgiftungsorgan unseres Körpers. Sie steuert darüber hinaus viele lebensnotwendige Prozesse, die für das Zusammenspiel unserer Organe wichtig sind. *Mens sana in corpore sano* – das gilt hier besonders: Klar denken können Sie nur, wenn Ihre Leber ihre Aufgabe erfüllt. Sie können sie dabei unterstützen, wenn Sie gesund leben: Ihre Leber braucht ausreichend Schlaf, viel frische Luft und eine ausgewogene Ernährung. Alkohol, zu viel Kaffee und fettreiches Essen belasten sie. Wenn jemand gelb vor Neid ist, produziert die Leber zu viel Galle, ist also aus dem Gleichgewicht geraten. Damit bringt sie auch das Denken aus der Balance. Denn unnötige und extreme Emotionen beeinflussen Ihre Denkleistung ebenfalls negativ.

Orange ist eine Signalfarbe – denken Sie an Warnleuchten, die Schutzanzüge von Müllmännern und an Grafiken, in denen diese Farbe verwendet wird, um Signifikantes aufzuzeigen. Wohldosiert eingesetzt fördert sie Ihre Kreativität und lässt Sie Lösungen auf neuen Ebenen finden, wenn Sie in einer gedanklichen Sackgasse feststecken. Orange erleichtert auch Ihren Zugang zu erotischen Empfindungen, die im Gegensatz zu rein sexuellen Gefühlen Ihre Denkleistung sehr anregen können, ganz besonders Ihre schöpferische Kombinationsgabe. Nutzen Sie diese für die Aufgabe, die Sie erledigen möchten.

Sanfter ist Apricot oder die Farbe von Pfirsichen. Diese Tönungen stimulieren Ihr zentrales und vegetatives Nervensystem ebenso wie Ihr Hormonsystem und bringen damit Ihre Konzentrationsfähigkeit auf Höchststand. Ein Schal, eine Decke oder ein Tuch in dieser Farbe über dem Schreibtischstuhl, Kissen oder Vorhänge an Ihrem Arbeitsplatz schenken Ihnen Wohlbefinden und Geborgenheit. Beides brauchen Sie, um sich zu konzentrieren, ohne sich dabei anzustrengen. Diese warmen Farbtöne erinnern Sie unbewusst an Ihr embryonales Leben im Mutterleib. Sie fühlen sich geschützt und sicher.

Rosa bringt Ihnen gute Laune und positives Denken. „Think pink", dann sehen Sie nicht nur alles durch die rosarote Brille, sondern empfinden auch Wohlbefinden und Interesse bzw. Zuneigung zu anderen. Aggressive Menschen macht die Farbe sanft. In Amerika hat man erstaunliche Ergebnisse damit erzielt, die Wände in Gefängnissen rosa zu streichen. Die Zahl der Gewalttätigkeiten reduzierte sich deutlich.

Grün wirkt ausgleichend und macht Sie optimistisch. Es heilt körperliche und seelische Verletzungen. Helles Grün vermittelt oft ein Gefühl von Weite und Freiheit. Die Farbe beeinflusst den Herzschlag günstig. Ihr Brustkorb weitet sich automatisch, wenn Sie an Grün denken. Das Plus an Sauerstoff kommt wiederum Ihrer Gehirnleistung zugute.

Violett beruhigt den Geist und macht ihn aufnahmefähig für neuen Input. Es empfiehlt sich daher für alle, die viel lernen müssen. Es erleichtert Ihnen auch den Zugang zu Ihrer Intuition. Manchmal beruhigt es jedoch ein bisschen zu sehr. Dann sollten Sie lieber einige Minuten in Indigoblau blicken. Die Farbe löst mentale Anspannung, ist wohltuend für die Augen und stärkt Ihre Konzentration. Sie lindert auch Kopfschmerzen. Indigoblau sind viele Flaschen und Schalen aus Glas, die Sie in Einrichtungsgeschäften und Geschenkläden kaufen können. Es ist ein dunkles, strahlendes und ein wenig rotstichiges Blau. Stellen Sie einen Gegenstand aus Glas in dieser Farbe vor Ihre Schreibtischlampe, blicken Sie ins Blau und genießen Sie die Klarheit, die sich in Ihrem Kopf ausbreitet. Ein bis zwei Minuten genügen vollkommen.

Wenn Sie sich die Aufmerksamkeit anderer wünschen, tragen Sie ein hellblaues Hemd oder einen Schal in dieser Farbe. Gehen Sie sparsam mit Rot um, das macht viele Gesprächspartner aggressiv. Ein gelbes Poster dagegen, das Sie im nachmittäglichen Energieloch entfalten, schenkt Ihnen die Aufmerksamkeit Ihrer Zuhörer.

Wenn Sie auf dem Flipchart etwas mit Orange markieren, wird dieser Punkt bestimmt nicht vergessen.

Mit grünem Informationsmaterial verbreiten Sie positives Denken, Toleranz und ökologisches Bewusstsein. Möchten Sie mehr Ihre Seriosität und Kompetenz in den Blickpunkt rücken, wählen Sie dagegen Blau.

Vertrauen Sie der Klugheit Ihrer Sinne, über die jeder verfügt. Aber manchmal tritt sie im hektischen Alltag in den Hintergrund. Beleben und trainieren Sie sie ein wenig.

Das können Sie auch sehr gut mit Düften.

Düfte

Hier ist nicht die Rede von schweren Parfüms, sondern von Duft-
ölen, die man in einer Aromalampe verdunsten lässt. Der Geruchssinn ist entwicklungsgeschichtlich der älteste unserer Sinne. Bei unseren Vorfahren war er viel stärker entwickelt als bei uns heute. Bevor
der Mensch eine differenzierte Sprache entwickelte, Werkzeuge her-
stellte – beides führte zu einer Vergrößerung des Gehirns – war das
limbische System viel stärker ausgebildet. Es liegt zwischen Hirnstamm und Neokortex im ältesten Teil des Hirnmantels. Es reguliert so (lebens)wichtige Funktionen wie Schlaf, Sexualtrieb, Hunger,
Durst, das Gedächtnis und den Geruchssinn, der bei den Menschen
der Vorzeit für das Überleben des Einzelnen wie auch des Clans und
der Gattung wichtig war.

Der Geruchssinn führte Jäger und Sammler auf die Spur ihrer Mahl-
zeiten: essbares Wild und Pflanzen. Er warnte vor Überfällen durch
Tiere oder menschliche Feinde und spielte eine große Rolle bei der
Suche nach einem geeigneten Partner. Die Nase lässt uns wissen, wessen Gene am besten zu uns passen – im Hinblick auf gesunden Nach-
wuchs. Selbst wenn der heutige Mensch sich vorrangig auf die später
entwickelten Gehirnpartien verlässt, die die Koordination von Sprache, intellektuellen, kreativen und mechanischen Veranlagungen steuern, sind die uralten Fähigkeiten noch in unserem Gehirn vorhanden.
Die Nase gibt uns Aufschluss darüber, was wir essen sollten, wo wir
uns aufhalten und mit wem wir zusammen sein möchten und – nicht
zuletzt über unseren Gesundheitszustand. In der traditionellen chinesischen Medizin gehört das Riechen an der Haut und den menschlichen Exkrementen zur ganz normalen Untersuchung.

Die Nase entscheidet über Sympathie und Antipathie. Oder würden Sie sich gern mit jemandem verabreden, den Sie nicht riechen können?

Über die Nase werden wir nicht nur sexuell stimuliert, Gerüche erinnern uns manchmal auch an längst vergangene Begebenheiten. Die sinnlichen Erfahrungen Ihrer Nase sind unauslöschlich in Ihrem Gehirn gespeichert. Das Geruchszentrum liegt übrigens dicht neben dem Sitz des Gedächtnisses. Das heißt, was an einen Geruch gekoppelt ist, vergessen Sie nicht so leicht. Wissenschaftliche Studien haben das bewiesen. Lassen Sie sich durch Ihren Geruchssinn das Konzentrieren leicht machen. Koppeln Sie Inhalte mit Gerüchen.

Wirkung von Düften

- Anregend auf Ihr Denkvermögen wirken Pfefferminzöl und auch Pfefferminztee.

- Rosmarin regt den gesamten Kreislauf an und stärkt das Erinnerungsvermögen.

- Zirbelkiefer, Lemongrass und Basilikum sorgen für größere geistige Klarheit.

- Das Öl der Bergamotte stärkt Ihre Zuversicht, eine Aufgabe mühelos bewältigen zu können.

- Weihrauch verlangsamt und vertieft den Atem – ein Gefühl innerer Ruhe stellt sich ein. Dieser Geruch wirkt ausgleichend auf Ihre Gefühle. Er empfiehlt sich auch bei geistiger Erschöpfung.

- Lavendel lindert Kopfschmerzen. Auch die Pfefferminze kann diese Wirkung haben.

Bei wissenschaftlichen Studien hat man die Gehirnaktivitäten von Testpersonen verglichen. Gemessen wurde mithilfe eines EEGs – das ist ein Elektroenzephalogramm, mit dem man aufzeigen kann, wie die Hirnaktionsströme verlaufen. Hierbei konnte man beobachten, dass die Aktivität der beiden Gehirnhälften beim Einatmen ätherischer Öle immer symmetrischer wurde. Dieser ausgleichende Effekt trat bereits nach einigen Atemzügen auf. Diese Symmetrie bedingt ein optimales Aufnahmevermögen. Mehr noch: Einige Öle wie Rosmarin und Basilikum rufen Gehirnströme hervor, die aktive Aufmerksamkeit verraten – die Beta-Wellen.

Beruhigende Antidepressiva wie Jasmin, Rose und Neroli erzeugten auf dem Monitor, der die Gehirnströme aufzeichnete, rhythmische Muster, wie sie für einen meditativen Geisteszustand typisch sind – die sogenannten Alpha-, Theta- und Delta-Wellen.

Jasmin, Rose und Neroli vermindern demnach Stress. Sie regulieren Ihr Nerven- und Hormonsystem. Darüber hinaus können diese Düfte auf jedes Körperorgan und eine große Zahl von Körperprozessen einwirken.

Die Nase kann übrigens viel mehr Gerüche unterscheiden als Ihr Ohr Töne. Sie kann ungefähr 10 000 Arten von Gerüchen erfassen.

Ätherische Öle wirken erstaunlicherweise auch, wenn Ihr Geruchssinn nur sehr schwach ausgeprägt oder vorübergehend durch eine Erkältung lahmgelegt ist. Denn Düfte gelangen nicht nur durch die Nase, sondern vor allem über Ihre Haut und Lunge in die Blutbahn.

- Bei Konzentrationsschwäche, die durch Stress bedingt ist, sind folgende Duftöle geeignet:
- Bergamotte, Kamille, Lavendel, Majoran, Eukalyptus, Pfefferminze, Rosmarin, Melisse, Muskatellersalbei und Wacholder.

Achten Sie beim Kauf unbedingt darauf, dass die Öle naturrein sind. Billigöle haben oft keine oder manchmal sogar eine gegenteilige Wirkung, von Nebenwirkungen ganz abgesehen. In Bioläden, Reformhäusern und Apotheken finden Sie die richtigen Öle.

Durch das Inhalieren eines Duftes verknüpfen Sie neue Informationen, die Sie gerade lernen, sehr effektiv mit einem Sinneseindruck – eine gute Chance, dass sie ins Langzeitgedächtnis gelangen und leicht abrufbar sind. Der Duft wird zwar unbewusst gespeichert, aber wenn sie sich daran erinnern, was beim Lernen in Ihrer Aromalampe verdunstete, können Sie über das Erinnerungsvermögen Ihrer Nase ganz leicht bei Bedarf wieder an den Lernstoff gelangen. Und wenn Sie das Öl dafür eben noch mal in den Verdunster füllen! Natürlich können Sie auch jeden anderen Duft für das Speichern Ihres Inhalts wählen. Wie wäre es mit Kaffee, Parfüm, Käse und Zimt für jedes neue Kapitels Ihres Lernstoffs? Oder für die vier Hauptpunkte Ihrer Präsentation? Auch bei Aufzählungen, die Sie sich nicht merken können, hilft es Ihnen, wenn Sie die einzelnen Punkte mit verschiedenen Düften verbinden.

Töne

Auch Geräusche und Klänge wirken durch Ihre Schwingungsfrequenzen auf die Aktivität Ihrer Nervenzellen ein. Nicht nur Ihr Ohr nimmt diese Vibrationen wahr, sondern der ganze Körper. Haben Sie sich schon einmal darüber gewundert, wie wohltuend müde Sie sich nach einem guten Konzert gefühlt haben? Als hätten Sie sich die ganze Zeit bewegt. Das haben Sie auch – zwar nur minimal, aber deshalb nicht weniger intensiv. Ihr Gehirn und Ihr Körper haben in bestem Zusammenspiel mitmusiziert. Jede Nervenzelle und Ihre gesamte Muskulatur waren daran beteiligt. Töne wirken ganzkörperlich auf uns. Wir schrecken bei einem schrillen Pfiff hoch und summen ein Baby in den Schlaf. Der Körper zieht sich zusammen, wenn eine Schaufel über Asphalt schrappt, und unsere Beine bewegen sich von selbst, wenn Tanzrhythmen gespielt werden. Kirchen, Könige und das Militär haben sich diese Wirkung zunutze gemacht. Ohne Filmmusik wären selbst Fernsehproduktionen weniger gut verständlich. Ein Film kann uns durch seine Musik tief berühren.

Machen Sie sich dieses Phänomen beim Lernen zu Hause zunutze. Ruhige Musik kann die Gehirnzellen positiv beeinflussen, sofern sie leise ist. Wählen Sie Instrumentalmusik, denn Liedtexte beanspruchen die gleichen Areale im Gehirn, die Ihnen für das Verarbeiten neuer Informationen uneingeschränkt zur Verfügung stehen sollten. Ihre Musik sollte ein angenehmer Geräuschteppich sein. Aufregende Wechsel im Rhythmus und in der Lautstärke lenken Sie von Ihrem Stoff ab. In Gesundheitsbuchläden, esoterisch orientierten Geschäften und natürlich auch im Internet finden Sie eine große Auswahl geeigneter Musikstücke. Das Wichtigste ist, dass sie Ihnen gefallen. Es sollte sich bei Ihnen ein Gefühl des Wohlbefindens einstellen, wenn Sie die Musik hören. Es gibt auch CDs mit Meeresrauschen und ähnlich beruhigenden Geräuschen. Probieren Sie aus, was Ihre Konzentration erhöht. In der absoluten Stille gedeiht sie meistens am besten. Ich höre zum Beispiel nichts lieber als das Rauschen des Meeres – wenn ich am Meer bin. Berieselt mich dagegen ein Band zu Hause mit diesem Geräusch, geht mir das auf die Nerven. Aber manchmal möchte man ja auch störende Hintergrundgeräusche auf diese Weise übertönen.

Warte- und Reisezeiten können Sie natürlich gut nutzen, um Ihr Gehirn durch schöne Musik in einen entspannten und aufnahmebereiten Zustand zu versetzen. Wenn Sie klassische Musik und Opern hören, fördern Sie damit nicht nur Ihre Konzentration, sondern auch Ihre mentalen Fähigkeiten: Viele neue Synapsen werden aufgebaut und alte belebt. Und bestimmt auch bei Ihrer modernen Lieblingsmusik.

Schlaf

Wer ausgeruht ist, kann sich besser konzentrieren. Ausreichender Schlaf ist wichtig für eine gute Funktion Ihrer Gehirnzellen und Ihres Körpers, die ja bestimmten Zyklen unterliegt. Reißt Sie der Wecker aus einer Phase, in der Körper und Gehirn regenerieren oder Ihre Nervenzellen Inhalte verarbeiten möchten, wirkt sich das ungünstig auf Ihre Aufnahmebereitschaft aus. Gönnen Sie sich daher so viel Schlaf, dass das Schrillen des Weckers wenigstens kein Schock für Sie ist, weil Sie sich gerade in einer Tiefschlafphase befinden. Einstein und Goethe brauchten bekanntlich mindestens zehn Stunden Schlaf.

Fernsehen und das Sitzen vor dem Computer hat besonders in den westlichen Industrienationen zu einem erheblichen Schlafdefizit geführt. Lassen Sie es nicht dazu kommen, wenn Sie tagsüber mental gefordert und auf Ihren klaren Kopf angewiesen sind.

Denn während der Körper ruht und von Zeit zu Zeit Reparaturarbeiten ausführt, arbeitet Ihr Gehirn weiter. Es speichert neue Informationen im Langzeitgedächtnis und löscht alles, was unbrauchbar geworden ist. In den Tiefschlafphasen, die ungefähr eineinhalb Stunden dauern, gönnen sich Ihre grauen Zellen allerdings auch einige Ruhepausen, während der sie sich regenerieren. Die restliche Zeit arbeitet Ihr Gehirn alles auf, was anliegt: Oft erwacht man daher mit der perfekten Lösung für eine Aufgabe. Es war also gar nicht so falsch, das Schulheft unter das Kopfkissen zu legen. Wenn die letzten Gedanken vor dem Einschlafen der ungelösten Aufgabe galten, standen die Chancen ziemlich gut, dass man beim Aufwachen die Lösung vor sich sah.

Wie viel Schlaf Sie brauchen, ist übrigens genetisch festgelegt. Extreme Kurzschläfer wie Napoleon oder Langschläfer wie Einstein machen jeweils nur ein Prozent der Bevölkerung aus. Die meisten brauchen sieben bis acht Stunden Schlaf, um sich morgens ausgeruht zu fühlen. Finden Sie heraus, wie viele Stunden *Sie* brauchen, um am nächsten Tag von morgens bis abends fit zu sein. Aufmerksamkeitsschwankungen während des Tages sind dabei normal (s. Kapitel *Der richtige Zeitpunkt*). Ob Sie vor oder nach Mitternacht ins Bett gehen, ist egal. Ihre erste Tiefschlafphase – gleich nach dem Einschlafen – sollten Sie jedoch ungestört verbringen dürfen.

Wenn Sie nicht einschlafen können, nehmen Sie auf keinen Fall chemische Schlafmittel, wenn Sie den Tag darauf nicht in einem Dämmerzustand verbringen möchten. Viele der darin enthaltenen Stoffe machen sogar abhängig. Greifen Sie lieber zu natürlichen Präparaten auf Hopfen- und Baldrianbasis oder den Bachblütentropfen *White Chestnut*, die sofort wirken, wenn Ihre Gedanken sich ständig im Kreis drehen. *Calcium carbonicum* als biochemisches Ergänzungsmittel in Tablettenform beruhigt ebenfalls hervorragend. Sie bekommen diese Präparate in der Apotheke. Lassen Sie sich bezüglich des geeigneten Mittels und der Einnahme von einem Fachmann beraten.

Machen Sie sich auch einige Gedanken über Ihr Bett. Rund ein Drittel Ihrer Lebenszeit verbringen Sie darin. Entspricht Ihre Matratze Ihrem Gewicht? Ist Ihr Lattenrost für die Matratze geeignet? Für eine Latexmatratze brauchen Sie einen anderen Rost als für eine Kaltschaum- oder Federkernmatratze. Lassen Sie sich in einem Fachgeschäft beraten. Das ist besonders wichtig, wenn Sie Allergiker sind.

Ein unschlagbarer Trick, um den ersehnten Schlaf zu rufen, ist folgender: „Denken" Sie Ihre Gedanken in Zeitlupe, konsequent. Das wirkt in den meisten Fällen verblüffend schnell.

Und ein Tipp aus dem Jin Shin Jyutsu, einer japanischen Therapieform: Legen Sie jeweils die Daumen- und Kleinfingerkuppen Ihrer linken Hand und die Daumen- und Zeigefingerkuppen der rechten zusammen. Das beruhigt sehr und lässt Sie schnell einschlafen.

Bei den meisten Menschen, die über Schlafstörungen klagen, liegt der Grund in mangelnder Bewegung. Sie sollten tagsüber schon ein paar Mal aus der Puste geraten sein und kräftig geschwitzt haben, um abends auf natürliche Weise müde zu werden. Auch ein täglicher Spaziergang an der frischen Luft fördert das gesunde Schlafbedürfnis am Abend.

Sehen Sie sich vor dem Einschlafen keine aufregenden Filme an und beschäftigen Sie sich nicht mit aufwühlenden Themen. Wenn Ihnen das dennoch einmal passiert (that's life!), gönnen Sie sich eine halbe Stunde aktive Entspannung, vielleicht mit Übungen aus dem Yogaprogramm in diesem Buch – auch wenn es schon spät ist. Die verbleibenden Stunden der Nacht schlafen Sie dafür tief und fest.

Getrennte Schlafzimmer haben etwas für sich: Wissenschaftliche Studien haben erwiesen, dass beide Partner dann besser schlafen. Meine Eltern praktizieren das schon seit meiner Kindheit, und Sie führen eine ausgesprochen glückliche Ehe – in jeder Hinsicht. Aber sie liebt es kühl, er warm, er schnarcht, sie will lieber noch lesen und morgens länger schlafen, er schläft sofort ein und ist Frühaufsteher. Sie lassen die Türen aber offen, schon damit der Hund die freie Wahl hat, unter wessen Bett er schläft.

Auch der Dalai-Lama hat sich Gedanken über den Schlaf gemacht. Er sagt: Schlafe, solang du willst.

Ernährung

Voller Bauch studiert nicht gern – eine alte Redensart, aber sie trifft immer noch zu. Ihre Verdauung beansprucht Ihr Gehirn mehr, als Sie sich bewusst machen. Um alle damit verbundenen Vorgänge zu regeln, möchte Ihr Gehirn nach dem Essen in Ruhe gelassen werden. Einen Geschäftstermin, von dem wichtige Entscheidungen abhängen, auf die Zeit direkt nach dem Mittagessen zu legen, wäre ein Fehler. Es sei denn, Sie essen gemeinsam und beginnen frühestens beim Espresso, über berufliche Angelegenheiten zu sprechen. In diesem Fall konnten Sie sich während des Essens bereits aufeinander einschwingen – auf nonverbaler Ebene. Dann ist Ihr Gehirn bereits vorbereitet. Und – schicken Sie Ihre Kinder nach dem Mittagessen bitte nicht an den Schreibtisch, sondern an die frische Luft!

Auch mit leerem Magen sollten Sie sich nicht zur Konzentration zwingen. Dann ist Ihr Gehirn nämlich damit beschäftigt, Reserven lockerzumachen, um Sie am Leben zu halten – ein anstrengender Vorgang. Am höchsten ist Ihre Konzentrationsfähigkeit, wenn Sie ganz leicht hungrig sind. Aufstehen und etwas essen möchten Sie zu diesem Zeitpunkt noch nicht, aber ein kleiner Schokoladenriegel könnte Ihnen durchaus schmecken.

Wenn Sie viel neuen Input aufnehmen müssen, brauchen Sie Kohlenhydrate. Ihre Gehirnzellen ernähren sich von Traubenzucker. Aber deshalb nur noch diesen Einfachzucker zu essen, wäre grundverkehrt. Er gäbe Ihnen zwar einen kleinen Push, aber nur für kurze Zeit. Danach wäre Ihr Aufnahmevermögen geringer als zuvor. Essen Sie lieber Kohlenhydrate, die sich langsam aufspalten und lange vorhalten: Reis, Dinkelnudeln, Vollkornbrot und Kartoffeln. Sie bestehen aus langkettigen Kohlenhydraten, die vom Organismus langsam abgebaut und unter anderem auch zu Traubenzucker aufgespalten werden.

Obst verdauen Sie als Zwischenmahlzeit am besten. Es liefert Ihrem Körper – neben Gemüse und Salat – die wichtigen Vitamine und Mineralstoffe, die auch Ihrem Gehirn zugutekommen.

Zellen bestehen aus Protein. Daher sollten Sie auch eiweißreiche Nahrung zu sich nehmen. Wählen Sie Frischkäse, Fisch, Geflügel und mageres Lammfleisch. Wurst und Hartkäse enthalten so viel Fett, dass sie Ihr Verdauungssystem zu stark belasten.

Studentenfutter ist für alle geeignet, deren Kopf viel leisten muss. Die Nüsse enthalten sehr viele Mineralien, die Ihr Gehirn zum Denken braucht, am meisten übrigens die Paranuss. Die Rosinen und Korinthen liefern Ihnen den notwendigen Zucker, der Ihre Zellen mit Energie versorgt. Nüsse machen amerikanischen Studien zufolge übrigens nicht dick und verfügen zudem über wertvolle ungesättigte Fettsäuren. Essen Sie frische Nüsse, keine gesalzenen und gerösteten. Die haben kaum noch Nährwert und belasten Ihre Nieren durch das Salz viel zu stark. Ihr Gehirn kann nicht entspannt arbeiten, wenn es gleichzeitig dafür sorgen muss, dass die Nieren entgiftet werden. Nüsse enthalten zudem viel Lecithin. Das polstert Ihre Nervenbahnen.

Fruchtschnitten aus dem Reformhaus sind sinnvolle Zwischenmahlzeiten – genau das Richtige für Ihr Gehirn.

Manche fühlen sich ohne Frühstück wohl, doch für alle anderen gilt: Beginnen Sie Ihren Tag mit einer Kleinigkeit, um alle Verdauungsvorgänge im Körper zu starten und damit auch die Zellaktivität im Gehirn anzuregen. Wissenschaftliche Studien haben erwiesen, dass Frühstücker aufmerksamere Lerner und Zuhörer sind.

Gut für Denker ist Müsli. Auch Haferflocken mit Milch oder frisch gepresstem Orangensaft, frisches Obst, Vollkorn- und Knäckebrot, magerer Käse, Quark und pflanzliche Aufstriche aus dem Reformhaus fördern mentale Arbeit auf natürliche Weise.

Kaffee und Tee – schwarzer und grüner – regen das Zentralnervensystem und damit auch das Denken an. Für welches Getränk Sie sich entscheiden, um Ihre volle Konzentrationsfähigkeit zu erlangen, und in welcher Menge Sie es zu sich nehmen, ist sehr abhängig von Ihrer Veranlagung. Für Menschen, die zum Frieren neigen, dürfte Kaffee die richtige Wahl sein, weil er wärmende Eigenschaften hat. Für alle, die schnell schwitzen und einen eher hohen Blutdruck haben, ist Tee geeigneter, denn er wirkt kühlend.

Nahrungsmitteln wärmende und kühlende Eigenschaften zuzuschreiben ist ein Element aller östlich und ganzheitlich ausgerichteten Lebensmodelle. Es lohnt sich durchaus, sich näher damit auseinanderzusetzen. Seit ich mich nach dieser Lehre ernähre, fühle ich mich wacher, ausgeglichener und belastbarer.

Es gibt übrigens auch Fünf-Elemente-Kochkurse, oft ganz in Ihrer Nähe. Geben Sie den Begriff doch mal bei einer Internet-Suchmaschine ein. Viele Praxen, die nach der traditionellen chinesischen Medizin arbeiten, veranstalten Vortragsabende zu diesem Thema. Auch Gesundheitsbuchläden und Yogastudios beraten Sie gern, wenn es um gesundes Essen geht.

Das Wichtigste bei der richtigen Ernährung ist jedoch, dass Sie auf Ihren Körper hören. Er signalisiert Ihnen sehr deutlich, wann er überhaupt keine Lust auf Salat, wohl aber auf ein großes Steak hat. Dann verzichten Sie ohne schlechtes Gewissen auf den Salat und bestellen oder braten Sie sich Ihr Steak.

Essen Sie keine Konserven, kein Weißmehl und keinen Zucker, dann beginnen Sie die Signale Ihres Körpers – „Ich habe Lust auf …!" – besser zu verstehen. Gespritzte und chemisch behandelte Lebensmittel belasten Gehirn und Körper sehr stark, weil beide kräftige Entgiftungsvorgänge in die Wege leiten. Also: Biogemüse fürs Gehirn!

Alkohol? Ein kleines Glas Wein zum Essen, aber nicht mehr. Bier eignet sich nicht, wenn Sie scharf und klar denken möchten. Zum Einschlafen dagegen durchaus.

Zigaretten? Sie können Ihnen wundervolle Gedankenblitze vermitteln. Aber vermutlich liegt das an den kleinen Pausen, die man sich zum Rauchen gönnt. Ihr Gehirn schätzt ja Pausen, damit es sich in Ruhe um den Transfer von Informationen ins Langzeitgedächtnis kümmern kann. Vielleicht ersetzen Sie einfach Ihre Zigarettenpausen durch eine „Atempause"? Mit frischer Luft? Und zwei, drei Übungen aus der Kinesiologie oder Ihrem SOS-Programm. Das bringt mit Sicherheit mehr für Ihre Konzentration. Und gesünder ist es sowieso.

Ein Powertipp für Prüfungen: Essen Sie Halwa – Sesam mit Zucker oder Honig – oder Walnüsse mit Honig. Nicht nur, weil die Walnuss wie ein Gehirn aussieht, ist sie die deutsche Kopfnuss mit Stern: Sie enthält alle Mineralstoffe und die richtigen Fette, die Sie zum Denken brauchen.

Ein Cognac vor Prüfungen? Bitte nicht. Sie fühlen sich dann so locker, dass Ihnen völlig egal ist, was Sie gerade denken und sagen. Und – Sie merken es nicht einmal. Das ist vielleicht nicht ganz die richtige Einstellung, wenn Sie mit Ihrer mentalen Leistung punkten möchten.

Warmes Essen regt übrigens die Gehirntätigkeit mehr an als kaltes. Aber gönnen Sie sich danach eine kleine Verdauungspause. Wenn Sie zu Hause arbeiten und keine Zeit zum Kochen oder ausgiebigen Essengehen haben, trinken Sie zwischendurch eine Tasse Gemüsebrühe, vorzugsweise ein Produkt aus dem Reformhaus oder dem Bioladen.

Säfte aus Flaschen und Limonaden übersäuern Ihren Organismus. Das bedeutet auch eine Belastung für Ihre Hirnzellen. Sie werden davon müde. Gewöhnen Sie sich an Wasser, das versorgt Ihr Gehirn am schnellsten mit der Flüssigkeit, die es notwendig braucht.

Eier bringen das Gehirn auf Trab. Ein wichtiger Baustein für die Nervenzellen ist Cholin, das besonders konzentriert im Eigelb enthalten ist. Das Frühstücksei ist also Doping für Ihre grauen Zellen. Cholin steckt auch in Bierhefe, Sardinen, Blumenkohl, Getreide, Leber, Käse, Erdnüssen, Tofu und Weizenkeimen.

In einer Studie der Heinrich-Heine-Universität in Düsseldorf fanden Wissenschaftler heraus, dass die geistige Leistungsfähigkeit bei den Versuchspersonen am größten war, die viel Obst und Gemüse aßen. Überrascht Sie das?

Ihr innerer Antrieb

Wie gehen Sie mit den Erwartungen anderer um? Welche Ansprüche stellen Sie an sich selbst? Was inspiriert Sie, begeistert Sie, macht Ihnen Mut?

Der Alltag fordert von Ihnen ein ständiges Lösen von Aufgaben. Denken Sie an Märchen! Dort geht es immer um Herausforderungen, die kaum zu bewältigen scheinen, aber dann doch vom Helden gemeistert werden – durch Mut, Klugheit oder List. Märchen sind verdichtetes Leben, Bilder für die wesentlichen Situationen des menschlichen Daseins.

Lösen Sie gern Aufgaben? Oder fluchen Sie eher bei der ersten Schwierigkeit, die sich Ihnen in den Weg stellt? Versuchen Sie, dieses Hindernis zu bewältigen oder geben Sie auf? Die Anforderung, eine Leistung zu erbringen, muss keineswegs eine hemmende oder negative Erfahrung von Leistungsdruck darstellen.

Im Gegenteil, die Herausforderung, sich einer Aufgabe zu stellen, kann Sie zu ungeahnten Höchstleistungen antreiben. Sie sind plötzlich in der Lage, Ziele zu erreichen, die Sie zuvor niemals für möglich gehalten hätten. Dann überwiegt die Motivation, Ihr innerer Antrieb. Selbstzweifel und Ängste treten dagegen in den Hintergrund.

Doch leider kennen wir alle auch den entgegengesetzten Fall: Wir empfinden Druck. Unsere Ziele scheinen unerreichbar, Selbstzweifel überlagern jegliche Motivation, auch die bisherigen Erfolge zählen plötzlich nicht mehr. Damit programmieren Sie sich auf Misserfolg. Ihre Konzentrationsfähigkeit sinkt auf den Nullpunkt.

Betrachten Sie doch einmal das, was Ihnen Druck macht, genauer. Sind es die Erwartungen anderer? Sind diese real? Oder ist es eher die Erwartungshaltung, die Sie anderen gegenüber an den Tag legen? Stellen Sie hohe Anforderungen an sich selbst? Sind diese gerechtfertigt? Was ist Ihre Motivation? Ist es wirklich Ihre eigene? Oder haben Sie sie von anderen übernommen? Vielleicht war es sogar einmal Ihre persönliche, aber Sie haben sich verändert und Ihre Motivation ist nicht mehr aktuell?

Aber was ist Ihre aktuelle Motivation? Das innere Feuer aus Wünschen und Bedürfnissen, das Sie antreibt? Das können Sie leicht herausfinden.

Übung: Die eigene Motivation

- Legen Sie sich für einen Moment auf den Boden oder Ihre Couch.

- Schließen Sie die Augen.

- Atmen Sie langsam und gleichmäßig in Ihren unteren Bauch und Rücken.

- Lassen Sie sich mit jedem Ausatmen ein bisschen tiefer in den Boden sinken.

- Fragen Sie sich dann, was Sie jetzt am liebsten wollen. Was *Sie wirklich* wollen. Es darf banal sein. Das erste Bedürfnis, das Ihnen in den Sinn kommt, ist mit Sicherheit das richtige.

- Atmen Sie noch ein paar Mal tief und langsam und staunen Sie ein wenig über sich, dass Sie genau *das* jetzt wollen.

- Versprechen Sie sich, Ihr Bedürfnis so bald wie möglich zu befriedigen. Bestimmen Sie einen genauen Zeitpunkt. Erfüllen Sie sich diesen Wunsch.

- Setzen Sie sich dann aufrecht auf einen Stuhl und atmen Sie wieder tief in die Region unterhalb Ihres Bauchnabels. Denken Sie an Situationen, in denen Sie mit anderen kommunizieren. Lassen Sie Bilder, Stimmungen, Erinnerungen kommen und gehen. Fragen Sie sich dann, was Sie am liebsten möchten. Jetzt, in diesem Augenblick.

- Nehmen Sie dieses Bedürfnis ernst. Atmen Sie noch einige Atemzüge lang tief und langsam und erlauben Sie sich nochmals, über sich und Ihren innersten Wunsch zu staunen.

- Fahren Sie möglichst gleich im Anschluss mit dem dritten Teil der Übung fort. Stehen Sie auf, spüren Sie den Boden unter Ihren Füßen und atmen Sie tief in Ihren Unterleib – auch in den Rücken. Denken Sie an Ihre berufliche Situation. Lassen Sie Bilder und Stimmungen entstehen, Worte und Sätze auftauchen, nehmen Sie Ihre Gefühle dabei wahr. Was möchten Sie jetzt in diesem Moment? Was ist Ihr stärkster Wunsch? Atmen Sie tief und gleichmäßig in Ihren unteren Bauch und Rücken.

Während dieser drei Übungsstufen haben Sie vermutlich zwei oder drei verschiedene Bedürfnisse entdeckt. Es sind Ihre Wünsche. Achten Sie sie, denn damit achten Sie sich selbst.

Der erste Wunsch war vermutlich ein körperliches Bedürfnis, das Sie im Liegen deutlich spüren konnten, der zweite ein soziales oder persönliches Anliegen und der dritte ein berufliches. Sie haben also mehrere Wünsche. Eignet sich Ihr zweiter oder dritter Wunsch für die Situationen, in denen Sie sich besser konzentrieren möchten? Wenn Sie das nicht genau beantworten können, schließen Sie noch einmal die Augen. Sehen Sie sich in einer dieser Situationen. In welchem Raum befinden Sie sich? Ist noch jemand anwesend? Welche Gegenstände sehen Sie? Haben Sie etwas in der Hand? Spüren Sie Ihre Unsicherheit, wenn Sie sich nicht mehr konzentrieren können? Spüren Sie sich mit allen Sinnen. Das kann ein wenig unangenehm sein.

Fragen Sie sich jetzt, welche Fähigkeit Sie gern zur Verfügung hätten, um diese unangenehme Situation zu ändern. Formulieren Sie Ihren Wunsch in einem kurzen Satz, der mit „Ich will …" beginnt. Formulieren Sie es kürzer. Noch kürzer. Die Umstände kennen Sie. Sie brauchen sie nicht zu verbalisieren. Können Sie es noch einfacher ausdrücken? Gut. Diesen Satz atmen Sie nun mit jedem Einatmen in Ihren Körper, bis Sie vollkommen von Ihrem Wunsch erfüllt sind. Damit programmieren Sie ihn in Ihr Gehirn. Nehmen Sie Ihr großes Bedürfnis mit nach draußen, zu Ihren Freunden und zu Ihrer Arbeit. Malen Sie sich Ihre ideale Situation aus, wenn dieser große Wunsch erfüllt ist (s. „Neuer Rahmen" im Kapitel *Übungen aus der Kinesiologie*). Leben Sie in Ihrer Vorstellung in dieser Situation. Unternehmen Sie alles, was Ihnen möglich ist, um ihren Wunsch zu befriedigen. Dieses starke „Ich will …" wirkt wie ein Motor auf Ihre Konzentrationsfähigkeit. Es macht Sie präsent. Sie sind durch dieses starke Bedürfnis, das Sie geweckt haben, voll und ganz im Hier und Jetzt – in der Gegenwart mit all Ihren Sinnen. Dieser „Motor" ist Ihr innerer Antrieb, der Ihnen immer wieder aufs Neue die Entschlusskraft verleiht, sich zu konzentrieren: auf *eine* Sache. Auf Ihren Inhalt. Auf das, was andere sagen. Auf eine Aufgabe. Auf Ihre Arbeit – zu 100 Prozent. Und plötzlich wird fast jeder neue Inhalt interessant. In diesem Moment gibt es nichts, was Sie ablenkt. Sie sind einfach zu 100 Prozent *da*.

Der eigene innere Antrieb ist eine der stärksten Kräfte des Menschen. Werfen Sie also Ihren Motor an, das weckt Ihre Aufmerksamkeit, Sie können sich konzentrieren und Ihren Inhalt anschließend auch behalten. Ihre Sinne sind auf Empfang gestellt. Das beschert Ihrem Gehirn ein Feuerwerk von Sinneseindrücken, die es leicht mit den neuen Informationen verknüpfen kann. Was mit einem Sinneseindruck verbunden ist, wandert ins Langzeitgedächtnis und kann eben durch diese sinnlichen Verknüpfungen auch leicht abgerufen werden. Ihr innerer Antrieb macht Ihnen nicht nur den Entschluss leicht, sich zu konzentrieren, sondern schenkt Ihnen auch das notwendige Durchhaltevermögen dafür. Und – die Freude am Lernen und Zuhören.

Keine materielle Belohnung kann das tiefe Gefühl der Befriedigung ersetzen, wenn Sie erkennen, dass Sie einen neuen Inhalt verstanden oder eine Aufgabe gelöst haben. Ihr Gehirn schätzt es übrigens, wenn Sie sich einer Sache hundertprozentig widmen. Es kann nämlich eines nicht: sich auf mehrere Sachverhalte gleichzeitig konzentrieren. Wenn Sie sich mit jemandem unterhalten, während Sie versuchen, den Toaster zu reparieren und gleichzeitig dem Fernsehprogramm zu folgen, verlieren Sie nach kurzer Zeit Ihre Konzentrationsfähigkeit, weil Sie gedanklich ständig hin- und herzappen müssen. Ihr Gehirn verliert dabei die Zusammenhänge, kann nicht sinnvoll verknüpfen – und im Langzeitgedächtnis landet überhaupt nichts. Das Gehirn braucht Ruhe, um in die Tiefe zu gehen. Schließlich vollbringt es eine anspruchsvolle Arbeit. Geben Sie ihm diese Ruhe, indem Sie sich immer nur auf eine Sache konzentrieren.

Wenn Sie noch sehr jung sind und Ihr innerer Antrieb sich etwas schwammig anfühlt, überlegen Sie sich, welche Werte für Sie selbst am Wichtigsten sind. Ihre Werte, nicht die Ihrer Eltern oder Ihrer Umgebung! Geht es Ihnen vorrangig um Macht und Erfolg? Oder um Zugehörigkeit, Familie und Freunde? Ist Ihnen Anerkennung das Wichtigste oder Ihre Unabhängigkeit? Auch Essen und körperliche Bewegung können wesentliche Werte sein, die Sie achten sollten. Vielleicht ist Ihnen auch Ihre Neugier, die Erweiterung Ihres Horizonts ein Bedürfnis? Die Liebe? Sex? Erotik? Sicherheit ist ein wesentlicher Wert für viele Menschen, auch Ordnung und emotionale Ruhe. Und für manche sind ihr idealistisches Weltbild, ihr Status oder die Freude an der Herausforderung der wichtigste Antrieb. Machen Sie sich darüber einige Gedanken. Je besser Sie sich kennen, desto sicherer werden Sie, auch in Bezug auf Entscheidungen, die Sie treffen müssen.

Formulieren Sie Ihren „Ich will"-Satz immer positiv. Überzeugungen wie „Ich kann das nicht" haben dann keine Chance mehr, Sie zu beeinflussen, wenn Sie zu 100 Prozent von Ihrem inneren Antrieb erfüllt sind. Sie verschwenden keinen Gedanken mehr daran.

Entwickeln Sie ein Gespür dafür, welche Wörter und Formulierungen Sie im Alltag anwenden. Wie viele von ihnen sind negativ und schwächen Ihre Motivation? Kommen Sie Ihren Glaubensmustern auf die Spur. Oft verhindern diese, dass Sie sich leicht konzentrieren können, weil sie ständig in Ihrem Gehirn herumspuken. Achten Sie dabei auf Worte, die eine Wertung beinhalten wie gut und schlecht, Pflicht, Problem usw. und auf alle Verneinungen wie „Das kann ich nicht", „Ich bin dazu nicht fähig", und „Das schaffe ich nicht". Ersetzen Sie sie durch positive Formulierungen: „Ich kann das/will das/darf das",

„Ich habe die Kraft/die Energie/das Können … ", „Ich schaffe es". Aus „Pflicht" sollte Aufgabe werden und aus „Problem" Herausforderung. Finden Sie neue Powersätze wie „Das Lernen macht mir Spaß", „Ich wachse an dieser Herausforderung", „Ich liebe mentale Herausforderungen" und „Ich bin der Meister der Konzentration".

Stellen Sie sich breitbeinig hin, ballen Sie die Hände zu Fäusten und legen Sie sie seitlich an Ihre Taille. Sprechen Sie Ihre Powersätze laut und stoßen Sie dabei jeweils eine Faust nach vorne – richtig mit Kraft. Visieren Sie dabei ein Ziel an: ein Foto an der Wand oder ein Fenster im gegenüberliegenden Haus. Stellen Sie sich dabei Ihre gewünschte Erfolgsszenerie lebhaft vor – je begeisterter, desto besser. Ihr Gehirn braucht starke Gefühle, um auf Ihre neue Überzeugung zu reagieren.

Um diese Gefühle zu spüren, brauchen Sie mehr Zeit als für das Erfassen von Fakten und auch größere innere Kraft. Aber Sie bekommen dafür auch mehr: Freude am Lernen, Zuhören und Erarbeiten Ihres neuen Inhalts – und eine starke Konzentrationsfähigkeit.

Stärken Sie Ihren inneren Antrieb und lassen Sie sich von ihm auch durch schwierige Situationen tragen! Es muss nicht immer die gleiche persönliche Motivation sein. Sie haben viele Bedürfnisse.

Lächeln – der einfachste Kick für Ihr Gehirn

Vielleicht zaubert Ihnen Ihr neu gefundener innerer Antrieb bereits ein Lächeln auf Ihr Gesicht. Darauf reagieren Ihre grauen Zellen sofort. Ihre Gesichtsmuskeln haben eine Schnellverbindung zu Ihrem Gehirn. Wenn Sie lächeln, lautet die Botschaft: Alles läuft wie am Schnürchen, wir finden jetzt die optimale Lösung! Dann herrscht reger Verkehr in den Nervenbahnen: Ihr Kopf ist klar und „denkt" gern.

Sie wissen nicht, worüber Sie lächeln sollten? Dann lächeln Sie doch einmal grundlos, eine Minute lang. Sie spüren dann sofort, dass sich Ihr Denken verändert: Mentale Fixierungen lösen sich auf. Es ist Ihnen nicht mehr möglich, auf einem Standpunkt zu beharren. Das verbessert Ihre Kommunikation, und neue Informationen strömen mühelos in Ihr Gehirn. Sie fühlen sich wohl im Jetzt, beschäftigen sich intensiver mit Ihrem Input und finden leichter Lösungen. Die Chance, dass die neuen Informationen in Ihrem Langzeitgedächtnis landen, ist groß: Mit dem Lächeln liefern Sie Ihrem Gehirn eine positive Stimmung, mit der es den neuen Inhalt schnell verknüpfen kann. Auch das Abrufen von Informationen ist leichter für Sie, wenn diese an ein Gefühl gebunden sind, dazu noch an ein positives. Lächeln Sie ruhig mechanisch. Es gibt auch eine Wirkung von außen nach innen, das haben Sie ja eben gespürt. Ihr Lächeln wird dabei nämlich sehr schnell echt.

Wenn Sie mit anderen über ernste und sachliche Angelegenheiten sprechen, aber nicht grinsend dastehen möchten, lächeln Sie und entspannen dann wieder Ihre Mundwinkel. Dann bleibt das Lächeln in Ihren Augen, auf Ihren Wangen und der Stirn. Das vermittelt Ihrem Gesprächspartner Aufmerksamkeit, und tatsächlich entwickeln Sie großes Interesse für seine Mitteilungen, wenn Ihre Augen lächeln. Selbst wenn Sie eine Begräbnisrede halten müssten, wäre dieser Gesichtsausdruck angemessen.

Offenes und inneres Lächeln.

Sie können auch Ihren ganzen Körper in einen lächelnden Zustand versetzen – das ist ein noch größerer Kick für Ihre Gehirnzellen, aktiv zu werden. Üben Sie das zunächst im Liegen, denn hierbei spüren Sie die Wirkung sehr schnell. Legen Sie sich hin – auf den Boden, das Sofa oder in Ihr Bett. Schließen Sie die Augen und atmen Sie tief in Ihren Unterbauch und unteren Rücken. Lassen Sie sich schwer und faul auf die Unterlage sinken. Und jetzt stellen Sie sich vor, dass Sie ein Lächeln einatmen. Es wandert durch Ihren Körper und erfüllt jede Zelle mit Freude und Licht. Wenn Sie Freude empfinden, setzen Sie sehr viel Kraft frei – körperlich und mental. Und wenn Sie sich vorstellen, dass Ihr ganzer Körper von Licht erfüllt ist, versetzen Sie ihn in einen Zustand höchster Energie. Der Gedanke an Licht regt Ihr Gehirn zu großer Leistungsfähigkeit an.

Wenn Sie das einige Male im Liegen geübt haben, probieren Sie es auch im Sitzen, Stehen und beim Gehen. Nehmen Sie wahr, wie sich Ihre Kommunikation und Ihre Wahrnehmung der Welt, in der Sie leben, durch Ihr inneres Lächeln verändert.

Übrigens: Männer dürfen ein wenig häufiger lächeln, als sie es gewöhnlich tun, Frauen dagegen sollten im beruflichen Umfeld zurückhaltender damit sein, wenn sie möchten, dass Ihre Argumente ernst genommen werden. Lächeln Sie dafür kräftig innerlich.

Wenn Sie mit den Augen lächeln, vermitteln Sie Interesse und Präsenz. Es lässt Sie kompetent wirken. Lächeln Sie auch, wenn Sie allein am Schreibtisch sitzen oder eine komplizierte mechanische Aufgabe lösen möchten: Alles geht dann leichter. Ihr Gehirn arbeitet sozusagen lächelnd.

Angst vor Prüfungen?

Sie sind nervös? Haben Lampenfieber? Gott sei Dank! Dann ist die Schlacht schon so gut wie gewonnen. Wenn Sie nervös sind, verordnet Ihr Gehirn Ihnen sofort eine Extraportion Adrenalin. Das lässt Ihre Augen größer werden und strahlen, verleiht Ihnen ungeahnte Kräfte und eine starke Ausstrahlung. Ihre Zellen sind hellwach und warten nur darauf, Ihnen die Informationen zu liefern, die Sie brauchen. Daher wäre es schade, wenn Sie vor Prüfungen, wichtigen Präsentationen und Gesprächen ganz cool wären. Lassen Sie sich von der Extrapower in Körper und Gehirn durch Ihren Termin tragen. Andere bemerken von Ihrem Lampenfieber sowieso nur 20 Prozent – gerade so viel, dass sie Sie wegen Ihrer sichtlich gesteigerten Aufmerksamkeit ganz besonders schätzen.

Anders ist es natürlich, wenn Sie vor lauter Prüfungsangst Fragen nicht beantworten können, weil ein großes schwarzes Loch genau an der Stelle gähnt, an der Sie Ihre Antworten glaubten.

Dann sollten Sie sich ein kleines Intensivprogramm gönnen:

Schalten Sie alle Reizfaktoren in Ihrem Leben aus. Verzichten Sie für ein paar Wochen auf Fernsehen, Partys und Internet.

Beschäftigen Sie sich mit Ihrem inneren Antrieb und Ihren Werten. Je mehr Sie über sich selbst wissen, desto weniger kann eine ungewohnte Situation Sie aus dem Gleichgewicht bringen. Und das ist schon das Stichwort für den nächsten Punkt:

Machen Sie Balanceübungen! Nutzen Sie jeden Bordstein und jeden Baumstamm dafür und stehen Sie öfter mal auf einem Bein. Es ist genauso wie beim Lächeln: Eine Wirkung von außen überträgt sich dabei auf Ihr Inneres. Wenn Sie Ihre Balance körperlich halten können, sind auch die Funktionen Ihres Gehirns im Gleichgewicht.

Auch die kinesiologischen Übungen in diesem Buch sollten Sie so oft wie möglich ausführen, vor allem ein paar Tage vor Ihrem großen Termin. Dann können Sie sich auf Ihr Gehirn verlassen.

Verknüpfen Sie die einzelnen Themenpunkte mit Farben, Gerüchen, Geräuschen und Bildern. Dann kommt die Antwort wie von selbst, genau im richtigen Augenblick.

Stellen Sie sich die Prüfungssituation genau vor. Beteiligen Sie Ihre Sinne an diesem Bild – stellen Sie ihnen Fragen wie bei der Übung mit der Kaffeetasse (s. Kapitel *Wahrnehmen durch die Sinne*).

Werfen Sie dann Ihren „Motor" an – Ihren persönlichen inneren Antriebssatz „Ich will …", der Sie zu 100 Prozent erfüllen sollte. Spielen Sie dann die Situation so positiv, heiter und befriedigend, wie Sie es sich nur vorstellen können, durch. Spüren Sie nach: Wie fühlen Sie sich dabei? Fehlt noch etwas? Brauchen Sie noch etwas? Ergänzen Sie das Bild, bis Sie sich vollkommen sicher und wohl darin fühlen.

Diese Übung ist sehr wirkungsvoll. Erfolgreiche Manager wenden sie ständig an. Allerdings wirkt sie nur, wenn Sie ein Gefühl mit dieser idealen Situation verbinden. Das ist Übungssache. Trainieren Sie, Ihre Gefühle beim Betrachten Ihres Bildes zu stärken und jeden Tag intensiver wahrzunehmen. Lassen Sie Prüfungsgremien und Ihre Widersacher dabei zu Zwergen schrumpfen.

Gehen Sie am Abend vor der Prüfung oder Ihrem wichtigen Gespräch um die gleiche Uhrzeit wie gewöhnlich zu Bett. Aber machen Sie vor dem Einschlafen noch eine Entspannungsübung – vielleicht aus dem Yogaprogramm in diesem Buch. Nehmen Sie ein paar Tropfen der Bachblüte *White Chestnut* (s. Kapitel *Powermittel für Ihre Gehirnzellen*) und „denken" Sie Ihre Gedanken in Zeitlupe. Dann schlafen Sie sehr schnell ein.

Drücken Sie sich sprichwörtlich selbst die Daumen, am besten schon am Abend zuvor:

Drücken Sie die Kuppen Ihrer Daumen, Zeige- und Mittelfinger aneinander – rechte und linke Hand arbeiten dieses Mal getrennt voneinander – und krümmen Sie Ring- und kleinen Finger, bis sie die Handinnenfläche berühren.

Das ist ein sehr wirksames Mudra aus dem Yoga, das hilft, Ziele zu verwirklichen. Denken Sie dabei Sätze, deren Inhalt Sie in Ihrer Zielsetzung bestärken und Ihnen Mut machen, zum Beispiel:

- Mein Kopf ist kühl und klar.
- Konzentrieren macht mir Spaß/ist meine Stärke.
- Ich schaffe diese Prüfung mit Leichtigkeit.
- Ich genieße es, im Mittelpunkt zu stehen.
- Ich bin gelassen/souverän.
- Ich erreiche mein Ziel mühelos.

Ich kann mich auf mein Gehirn verlassen. Die richtigen Lösungen fallen mir zu.

Am nächsten Morgen sollten Sie eine Viertelstunde früher als sonst aufstehen. Nutzen Sie diese Zeit, um exzessiv zu tanzen. Sie sollten kräftig dabei schwitzen. Das bewahrt Sie vor Knieschlottern, zitternden Händen und Atemproblemen, die Ihre Stimme beeinträchtigen. Die Dusche danach sollten Sie mit einem kalten Strahl beenden, das stabilisiert den Kreislauf ebenfalls. Frühstücken Sie das Gleiche wie sonst auch.

Findet Ihr Lampenfiebertermin nicht gleich am Morgen statt, nehmen Sie sich Traubenzucker, eine Scheibe Vollkornbrot mit Ihrem Lieblingsbelag oder eine Banane mit – als kleinen Energieschub vor Ihrem „Auftritt".

Lockern Sie kurz vor der Prüfung Ihren Nacken und Ihre Schultern (s. Kapitel *Das SOS-Programm für Ungeduldige*).

Dann atmen Sie tief in Ihren unteren Bauch und unteren Rücken und atmen Sie mit einem langen **ssssssssssss** aus (s. Kapitel *Sauerstoff für Ihr Gehirn*). Gehen Sie dabei hin und her, wie ein Panther im Käfig. Die beruhigende Wirkung tritt aber auch ein, wenn Sie still sitzen.

Bündeln Sie Ihre Kraft wie die chinesischen Generäle mit einer Top-Übung für Konzentration – Sie kennen sie aus dem SOS-Programm: Legen Sie alle Fingerspitzen Ihrer rechten Hand zusammen und legen Sie sie genau in die Mitte Ihrer linken Hand. Lenken Sie Ihre Gedanken an diese Stelle. Wechseln Sie nach ein, zwei Minuten die Hände. Diese Übung schenkt Ihnen Selbstvertrauen.

Kombinieren Sie diese Übung mit dem Atmen auf **ssssssssssss**.

Stärken Sie Ihre Konzentrationsfähigkeit mit dem Stirn-Griff (s. Kapitel *Übungen aus der Kinesiologie*), bis Sie einen gleichmäßigen Puls fühlen. Oder halten Sie Stirn und Hinterkopf. Diese Übung finden Sie im gleichen Kapitel. Atmen Sie dabei weiter auf **ssssssssssss,** langsam und gleichmäßig.

Emotionale Ausgeglichenheit erreichen Sie, indem Sie Selbstvertrauen aufbauen. Sehr hilfreich dafür ist eine Handhaltetechnik aus dem Yoga, die Ihr Selbstwertgefühl dauerhaft stärkt:

- Falten Sie Ihre Hände.
- Legen Sie die Spitzen Ihrer beiden Daumen, Zeige- und kleinen Finger aneinander. Ring- und kleiner Finger blieben gebeugt.
- Halten Sie Ihre Hände mit lockeren Armen im Schoß.

Machen Sie diese Übung so oft wie möglich.

Mentale Ausgeglichenheit schaffen Sie, indem Sie sich gründlich auf Ihr Thema vorbereiten.

Körperliche Ausgeglichenheit stellt sich ein, wenn Sie regelmäßig Yoga oder eine andere Methode zur aktiven Entspannung praktizieren (ein paar Wochen vor der Prüfung), Balanceübungen ausführen (ein paar Tage vor der Prüfung) und in Ihren Unterbauch atmen (jetzt!).

Ruhe und Gelassenheit

Ihr Gedächtnis kann unbegrenzt speichern, und Sie sind sicher, dass Sie die Informationen, die Sie brauchen, nicht ohne sinnvolle und emotionale Verknüpfungen abgelegt haben. Sie sind Ihnen vertraut. Sie kennen Ihren Inhalt, haben ihn schon oft wiederholt und durch viele eigene Schlüsse ergänzt. Und trotzdem passiert es Ihnen hin und wieder, dass Ihnen dringend benötigte Fakten zum richtigen Zeitpunkt nicht zur Verfügung stehen, etwa in einer Prüfungssituation, und das Gelernte, das richtig und gut Gelernte, das Sie seit Wochen bereits wiedergeben konnten, ist – weg.

Was ist die Ursache für diesen plötzlichen Gedächtnisverlust? Bei so viel Hirnpotenzial, das wir alle haben!

Ihr Kopf ist ein Sensibelchen. Ihr Aufnahmevermögen und Ihre Merkfähigkeit sind störungsanfällig. Ihr Gehirn regiert auf Stress, Angst und Traurigkeit genauso wie auf äußere Faktoren. Wo vor 20 Jahren noch ein Spaziergang und ein Honigbrot den rauchenden Kopf entspannten, brauchen Sie heute Techniken, um Ihr Gehirn auszugleichen und seinen Fokus immer wieder auf den gewünschten Inhalt zu richten. Die ganz alltägliche Kommunikation ist viel schneller geworden – unser ganzes Leben ist schneller geworden und leider auch die Pausen, die einigen Stress auffangen könnten. Wir behalten den Speed gern auch in unserer Freizeit bei. Aber wenn es dann wirklich um volle Konzentration geht, um höchste Aufmerksamkeit, kann das durch Nichtigkeiten ständig auf Trab gehaltene Gehirn die Anforderung nicht mehr zufriedenstellend erfüllen. Bei all der Anspannung, unter der wir ständig stehen, haben wir vergessen, wie wichtig Entspannung ist und auch, *wie* wir uns entspannen können. Aber ohne das Entspannen kann höchste Anspannung nicht funktionieren.

Die ständige Ausschüttung von Stresshormonen wie Adrenalin und Cortisol kann den Hippocampus schädigen. Und genau dessen Funktionen brauchen Sie, um sich an Gelerntes zu erinnern.

Ein mangelndes soziales Netz macht übrigens stressanfälliger, ebenso eine zu hohe Erwartungshaltung an sich selbst. Fremde, aber auch eigene Erwartungen muss man nicht immer erfüllen.

Ängste und Aggressionen vermindern die Aufnahmefähigkeit. Dann sind Sie zu angespannt, um sich auf einen Inhalt zu konzentrieren, oder Sie werden lustlos, teilnahmslos und sehen keinen Sinn darin zu lernen. Hält diese emotionale Verstimmung an, fehlen Ihnen dann plötzlich wichtige Informationen, um eigene Schlüsse zu ziehen. Erfolgserlebnisse bleiben aus und damit auch die Anerkennung anderer.

Auch können gesundheitliche Probleme zu mangelndem Konzentrationsvermögen führen. Diese Thematik soll hier jedoch nur kurz erwähnt sein, denn dieses Buch richtet sich an gesunde Leser.

Wenn Konzentration schwerfällt, kann auch Reizüberflutung die Ursache sein: Wenn Sie sich einen Film ansehen oder Computerspiele spielen, hat das fast die gleiche Wirkung auf Ihren Organismus und Ihr Gehirn wie reale Handlungen. Das Gehirn kann die beiden Einflüsse kaum unterscheiden. Auf zu viel Input reagiert es mit Verwirrung.

Nutzen Sie die Möglichkeit aktiver Entspannung, um Ihre eigene Motivation für Ihr Denken und Handeln wiederzufinden. Jeder möchte sein Potenzial entfalten, um dadurch Erfüllung zu finden. Gönnen Sie sich sinnerfüllte Pausen!

Yoga oder die Kunst, den Arbeitsspeicher zu leeren

Ganzheitliche Entspannungstechniken wie Yoga, Tai-Chi und Qigong zeigen uns, dass eine gute Konzentration nur möglich ist, wenn Körper, Gefühle und Gedanken in Einklang sind. Wenn man zum Beispiel Yoga praktiziert, lernt man, seine Emotionen und Gedanken zu beherrschen, denn Yoga gleicht Gefühle aus und klärt das Denken. Konzentration fällt dann viel leichter. Yoga ist der Weg der Gewaltlosigkeit. Auch übermäßige und andauernde Anspannung ist Gewalt, sagen Yogis. Man solle sie stets durch Phasen der Entspannung ausgleichen.

Kleine Kinder und Menschen, die in einer natürlichen Umgebung leben, spüren, was Ihr Körper braucht, weil sie seine Bedürfnisse deutlich wahrnehmen. Der Körper signalisiert uns, was und wann er essen, wann und wie lange er schlafen möchte, wann er Bewegung und wann er Ruhe braucht. Doch unser heutiges Umfeld ist rational bestimmt. Wir versuchen ständig, die Bedürfnisse des Körpers zu unterdrücken und zu kontrollieren. Wenn ich in meinen Seminaren davon spreche, wie wichtig es ist, in seinem eigenen Rhythmus zu leben, blicken mich die Teilnehmer oft an, als spräche ich von einem hypothetischen Paradies. Viel zu lange haben sie ihre Bürozeiten als unabänderlich hingenommen. Füge ich dann noch mit viel Humor hinzu, dass ich es als ideal empfände, nach einem anstrengenden Vierstundenvormittag eine vierstündige Siesta einzulegen, um anschließend mein Training konzentriert und mit Freude weitere vier Stunden fortzusetzen, löse ich damit oft wahre Lachsalven aus. Tatsächlich aber „reicht's" dem Gehirn nach vier Stunden konzentrierter mentaler Arbeit; es möchte andere Bereiche des Gehirns, die für Verdauung, Bewegung, Spiel und Spaß zuständig sind, aktivieren, um gesund zu bleiben. Es möchte den emotionalen Bereich beleben, ihm ist nach Lachen, Träumen, mit anderen Kommunizieren – verbal und nonverbal – und nach Ausruhen. Es möchte sinnlichen Input durch Berührungen, Geräusche, Gerüche, Bilder und Farben. Es will spielen. Das stärkt seine kognitiven Fähigkeiten enorm.

Stattdessen hetzen wir durch unseren Achtstundentag, füllen die Mittagspause mit Einkaufen und Telefonaten aus und erwarten von uns, dass wir am Abend dann noch aktiv, konzentriert und fröhlich sind. Meine Seminarteilnehmer sind am Nachmittag nicht mehr sehr aufnahmefähig, denn die Mittagspause ist zu kurz, um sich zu regenerieren. Ich arbeite dann mit Techniken, die die rechte Gehirnhälfte anregen. Diese Übungen gestalte ich so, dass das Gelernte vom Vormittag spielerisch in die Praxis integriert wird. Damit wird der Transfer zum Langzeitgedächtnis in die Wege geleitet. Und plötzlich macht den Teilnehmern das Lernen wieder Freude.

Höchstens vier Stunden lang haben wir Lust, mental zu arbeiten, dann brauchen wir ein Kontrastprogramm. Nicht nur für den wenig beachteten Körper und die ungelebten Gefühle, sondern auch für unser Gehirn. Man gewinnt nichts durch hartnäckiges Durcharbeiten. Nach einer angemessenen Pause geht alles viel leichter und in einem Bruchteil der Zeit. Und es macht weniger Mühe und sogar Spaß. Weil das Gehirn sich in der Zwischenzeit regenerieren konnte.

Lernen Sie, mit Ihrer Energie hauszuhalten, um mehr und besser arbeiten zu können, ohne sich erschöpft zu fühlen.

Im Zustand der Entspannung schwingt Ihr Gehirn im Alpha-Wellen-Bereich. Das ist eine gute Voraussetzung für nachhaltiges Lernen. Ihr Kopf ist dabei vollkommen ruhig und gleichzeitig hellwach. Um die Balance zwischen zu großer Anspannung und der absoluten Entspannung im Schlaf zu finden, ist Yoga hervorragend geeignet. Der römische Staatsmann und Schriftsteller Cicero sagte: „Nur der entspannte Mensch ist wirklich schöpferisch, und Ideen fallen ihm blitzartig zu."

Yoga bietet Ihnen auch Übungen, die Sie ohne Vorbereitung ausführen können, wann immer Sie auf Ihre Konzentrationsfähigkeit angewiesen sind. Lernen wir doch einfach von den Yogis:

Die Aktivität Ihrer Hände steht in enger Verbindung mit der Ihres Gehirns. Sie überzeugen leichter, wenn Sie das Gesagte mit natürlichen Gesten begleiten. Oft gehen diese den Worten sogar voraus. Bewegen Sie Ihre Hände beim Lernen und beim Zuhören. *Greifen* und *begreifen* sind schließlich eng miteinander verwandt – übrigens in allen indoeuropäischen Sprachen. Wenn Sie in einem Meeting sitzen, das sich hinzieht und Sie nur noch Leere im Kopf spüren, aber dennoch gern zuhören und dem interessanten Inhalt folgen würden, legen Sie doch einfach Ihre Fingerkuppen aneinander (s. S. 32, *Fingerübungen* oder: s. Kapitel *SOS-Programm für Ungeduldige, Fingerübungen*). Das macht nicht nur Ihren Kopf klar, Sie vermitteln damit auch anderen den Eindruck aufmerksamen Zuhörens und geistiger Regsamkeit.

Viele dieser Handhaltungen oder Mudras verbinden Ihre linke und Ihre rechte Gehirnhälfte miteinander und fördern dadurch nicht nur Ihre Konzentration, sondern auch Ihre Kreativität. Und Sie behalten Gehörtes und Gelesenes leichter.

Es gibt viele Arten, Yoga zu praktizieren. Beim Hatha-Yoga, das bei uns im Westen am meisten verbreitet ist, stehen die sinnliche Wahrnehmung, Atemtechnik, Asanas – Körperhaltungen – und Mudras, bestimmte Handhaltungen, im Mittelpunkt. Einige dieser Mudras haben Sie bereits kennengelernt (in den Kapiteln *Das SOS-Programm für Ungeduldige* und *Angst vor Prüfungen?*). Man könnte sie als ein gezieltes Gehirntraining bezeichnen. Diese Yogafingerübungen sind ideal für Lernende. Bewegliche Hände und Finger entsprechen geistiger Beweglichkeit. Also keine Angst vor großen Gesten beim Sprechen! Schränken Sie sie aber ein wenig ein, wenn Sie zu vielen kleinen, fahrigen Bewegungen neigen. Denn unterbewusst zieht jeder, der Sie beobachtet, Rückschlüsse auf Ihren Denkstil.

Atemübungen sind ein weiterer wesentlicher Bestandteil des Yoga. Wenn Sie Ihren Atem beherrschen, sind Sie auch in der Lage, Ihre Gefühle zu kontrollieren. Das heißt nicht, dass Sie diese unterdrücken sollten. Sie lernen dabei, sich nicht von ihnen leiten zu lassen, wenn Sie eine Aufgabe erfüllen möchten. Starke Gefühle können das klare Denken blockieren. Ohne Gefühle kann der Transfer ins Langzeitgedächtnis jedoch nicht vollzogen werden. Es geht daher um das Wahrnehmen und angemessene Ausleben Ihrer Gefühle. Mit den Yogaatemübungen ist das leicht. Sie verschaffen sich damit einen klaren Geist und ein beinahe unbegrenztes Aufnahmevermögen.

Zwei dieser Übungen kennen Sie bereits aus dem SOS-Programm: die Wechselatmung und Situli, die Strohhalmatmung. Während die Wechselatmung Ihre beiden Gehirnhälften miteinander verbindet, sorgt Situli für frischen Sauerstoff in genau den Regionen, in denen „gedacht" wird.

Auch durch das Training der sinnlichen Wahrnehmung und der Asanas fördern Sie Ihre Konzentrationsfähigkeit. Die positive Wirkung spüren Sie bereits, wenn Sie nur einmal in der Woche üben. Künstler und Spitzenmanager haben das schon lange erkannt. Fernöstliches Gedankengut und die darauf basierenden Methoden für einen gesunden Körper und einen klaren Geist sollten Sie übrigens nicht als etwas Fremdartiges betrachten. In der keltischen Kultur, die ja zum großen Teil auch die Grundlage unserer westlichen Kultur ist, lehrten die

Druiden sehr ähnliche Praktiken. Viele Heiler und weise Menschen überlieferten dieses Wissen weiter. Leider wurde es im ausgehenden Mittelalter von der Inquisition fast vollständig auf Scheiterhaufen verbrannt.

Wenn Sie Yoga ernsthaft praktizieren, haben Sie anderen an Gelassenheit, Klarheit und Fähigkeit zur vollkommenen Konzentration einiges voraus – wie alle, die aktive Entspannung betreiben. Der Puls eines tibetischen Mönchs rast nach einem Autounfall genauso heftig wie bei jedem anderen. Doch bereits zwei Minuten später schlägt das Herz des Meditationsgeübten wieder völlig normal. Er hat sich im Griff. Er weiß, wie er seinen Atem und sein Denken kontrollieren kann, um wieder in seine Mitte und zu vollkommener geistiger Klarheit zu gelangen. Er behält den Überblick. Das möchten Sie doch sicher auch.

Probieren Sie Yoga einfach aus. Hier finden Sie einige Übungen, die gut für Ihre aktiven Entspannungspausen geeignet sind. Wenn Sie von der Wirkung auf Ihre Konzentrationsfähigkeit genauso begeistert sind wie ich, sollten Sie einen Yogakurs besuchen. Kein Buch kann einen lebendigen Lehrer ersetzen, der individuell auf Sie eingehen kann. Außerdem macht Lernen in einer Gruppe von Gleichgesinnten Spaß. Und oft fällt das Abschalten in einem anderen Raum und zu festgelegten Zeiten viel leichter als allein zu Hause. Natürlich können Sie auch Privatstunden bei einem Yogalehrer buchen, wenn Sie feste Unterrichtszeiten nicht einhalten können. Es lohnt sich. Körperliche Beschwerden verschwinden häufig dabei. Sie werden ruhiger und ausgeglichener und können den Anforderungen des Alltags gelassener begegnen. Eine Viertelstunde Yoga erspart eine halbe Stunde Einsingen – davon sind viele Sänger überzeugt. Wenden Sie diese Erkenntnis doch einfach auf Ihr Konzentrationsvermögen an.

Kleines Yogaprogramm

Yoga für Faule und Sportliche

Yoga praktizieren Sie auch, wenn Sie sich auf den Rücken legen, den Boden spüren, Ihren Atem ruhig fließen lassen und Ihren Körper wahrnehmen, ähnlich wie bei den Atemübungen im Liegen hier im Buch (s. Kapitel *Sauerstoff für Ihr Gehirn*).

Es gibt viele Yogaübungen, die ganz unaufwendig auszuführen und daher auch für Korpulente, Ungelenke und Senioren geeignet sind. Lassen Sie sich beraten, welchen Kurs Sie belegen sollten.

Für die *Sportlichen* ist Yoga jedoch ebenfalls geeignet: Heute wird fast überall auch Bewegungs-Yoga, oft Power-Yoga genannt, angeboten, das sehr anstrengend sein kann – ein richtiges Konditionstraining. Erkundigen Sie sich daher zuvor bitte genau, was für einen Kurs Sie belegen.

Yoga für Einsteiger

Die folgenden Übungen finden im Liegen statt. Legen Sie sich hierfür auf eine nicht zu weiche Unterlage auf den Boden – zunächst auf den Rücken.

Atemwelle  36

Atmen Sie aus und dann wieder ein – durch die Nase, der Mund bleibt geschlossen. Legen Sie eine Hand auf den Nabel, die andere auf Ihre Brust. Atmen Sie sechsmal in den Bereich unter Ihrer oberen Hand, dann sechsmal in Ihren Bauch unter Ihrer unteren Hand. Atmen Sie dann abwechselnd in Brust und Bauch, 1–3 Minuten lang. Wiederholen Sie diesen Ablauf drei- bis sechsmal. Diese Übung schenkt Ihnen Ruhe und Konzentration.

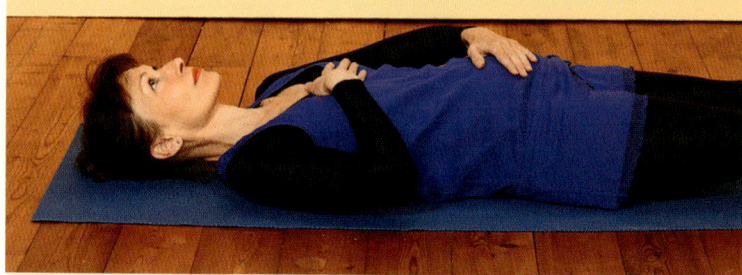

Atmen Sie abwechselnd in Ihre Brust und in Ihren Bauch.

Flankenatmung

Legen Sie Ihre Hände seitlich an die Rippen und atmen Sie in diesen Bereich Ihres Oberkörpers – zwölfmal langsam und gleichmäßig. Diese Übung schenkt Ihnen Kraft, Zuversicht und die Fähigkeit standzuhalten.

Lassen Sie Ihren Brustkorb weit werden.

Duft einatmen

Stellen Sie sich vor, Ihr Lieblingsduft erfüllt Sie. Ob Rose, Schweinebraten oder Tannenduft – genießen Sie ihn. Atmen Sie ruhig und gleichmäßig.
Diese Übung beruhigt und lässt Sie mühelos tief atmen. Sie ist Konzentrationsförderung pur. Und funktioniert auch am Schreibtisch.

Rückendehnen  38

Falten Sie Ihre Hände, drehen Sie sie um und legen Sie die Arme gestreckt hinter Ihrem Kopf auf den Boden. Ziehen Sie die Zehen an, in Richtung Ihres Gesichts und strecken Sie die Beine ganz durch. Dehnen Sie Ihren Rücken von den Fingerspitzen bis zu den Fersen. Damit geben Sie Ihrem Körper das Gefühl, dass Ihre gesamte Rückseite sehr lang ist. Genießen Sie diese Dehnung, während Sie einatmen. Beim Ausatmen lassen Sie alle Muskeln einfach los. Wiederholen Sie das zwölfmal.

Bär  39

Heben Sie Arme und Beine vertikal nach oben. „Stützen" Sie den Himmel mit Handballen und Fersen. Lassen Sie Ihre Hand- und Fußgelenke langsam kreisen – jeweils achtmal, anschließend in die entgegengesetzte Richtung.

Wenn Sie möchten, können Sie auch Kreise mit Ihren Schultern- und Hüftgelenken auf den Boden malen – ganz entspannt. Dann bewegen sich Ihre Füße und Hände nicht, dafür aber Ihre Schultern und Hüften. Das ist sehr angenehm für alle, die viel am Schreibtisch sitzen.

Die folgenden Übungen führen Sie im Sitzen aus. Es ist gar nicht so wichtig, zu Beginn einen perfekten Lotossitz einzunehmen. Sie können im Schneidersitz üben oder mit überkreuzten Beinen – dabei

Das ist die Grundhaltung.

legen Sie beide Beine vom Schneidersitz aus vor dem Körper ab und ziehen die Fersen so dicht wie möglich an den Körper heran. Die Füße sind dabei nicht überkreuzt, sondern liegen voreinander (siehe Foto auf der folgenden Seite). Oder Sie knien sich hin. Oder Sie sitzen im Langsitz: Hierbei ist Ihr Oberkörper sehr gerade (auch im Hohlkreuzbereich!), Ihre Beine strecken Sie parallel lang vor sich aus.

Und: Yoga funktioniert auch auf einem Küchenstuhl!

Berg  40

Setzen Sie sich in einer der beschriebenen Haltungen auf den Boden oder auf einen Küchenstuhl. Heben Sie die Arme hoch über den Kopf und legen Sie die Handflächen aneinander. Halten Sie diese Stellung 15 Atemzüge lang.

Wichtig ist hierbei: Ihre Schultern bleiben unten (!), und Ihr Rücken bleibt kerzengerade. Ihr Kopf ist aufrecht, Ihr Blick nach vorne gerichtet.

Eine Variante sehen Sie auf der DVD. Hier geht die Bewegung vom Brustbein aus.

Diese Stellung stärkt Ihr Selbstvertrauen, Ihre Kraft und Ihren Mut.

Fühlen Sie sich gelassen wie ein Berg.

Summm-Atmung  41

Summen Sie 15-mal beim Ausatmen ein langes **m**. Spüren Sie, wo Ihr Körper vibriert? Dort ist er entspannt. Atmen Sie auf diese Weise, bis Ihr Körper überall vibriert und sich lebendig und warm anfühlt.

Das ist eine sehr effektive Lockerungsübung, die gleichzeitig den Atem ungeheuer stärkt. Summen Sie das **m,** solange Sie können, von Tag zu Tag länger. Sie stimulieren damit die Aktivität Ihrer Gehirnzellen in hohem Maß.

Lachen  42

Lachen Sie auf **ha** – **ha** – **ha** – **ha** – **ha**, solange, bis Ihr Atem verbraucht ist. Atmen Sie ein und lachen Sie wieder auf **ha**.
Nach fünf Wiederholungen können Sie dabei auch den Oberkörper nach vorne beugen und das ebenfalls fünfmal wiederholen.
Das kräftigt Ihre Zwerchfellatmung und erfüllt Sie mit Zuversicht. Ihrem Gehirn liefern Sie damit eine Extraportion Sauerstoff.

Handflächen  43

Legen Sie Ihre Handflächen beim Ausatmen vor der Brust aneinander
und führen Sie Ihre Oberarme beim Einatmen zur Seite.

Atmen Sie aus.   **Atmen Sie ein.**

Danach atmen Sie viel freier und denken auch wieder freier!

Expander 44

Bringen Sie Ihre Ellbogen beim Ausatmen vor der Brust zusammen und führen Sie sie beim Einatmen zur Seite. Das ist eine Variation zur Übung oben, die ebenfalls die Sauerstoffzufuhr erhöht und Ihren Oberkörper entspannt.

Atmen Sie aus.   **Atmen Sie ein.**

Lassen Sie Ihren Atem bei allen Übungen ruhig und gleichmäßig fließen.

Eingerolltes Blatt  45

Setzen Sie sich auf Ihre Fersen. Beugen Sie sich nach vorne und legen Sie Ihre Stirn auf die übereinandergelegten Hände oder auf einen Turm, den Sie mit Ihren Fäusten bauen. Sehr angenehm kann diese Haltung auch sein, wenn Sie Ihre Stirn auf den Boden legen und Ihre Arme dicht am Körper ablegen. Atmen Sie ruhig und gleichmäßig.

Legen Sie Stirn und Gedanken ab.

Kamel  45

Sie sitzen auf Ihren Fersen, beugen sich zurück und stützen sich mit Ihren Händen hinter Ihren Füßen ab. Schieben Sie das Brustbein in Richtung Himmel und lassen Sie Ihren Kopf sanft nach hinten abrollen. Das ist eine sehr wirkungsvolle Haltung gegen Verspannungen in den Schultern und im Nacken, die beim Sitzen am Schreibtisch entstehen können.

Lassen Sie Ihr Brustbein zum Himmel wandern.

Wenn Sie gelenkig sind, gönnen Sie sich eine Variante dieser Übung: Richten Sie sich aus dem Fersensitz auf. Knie und Füße bleiben am Boden. Beugen Sie sich zurück. Ihre Hände berühren die Fersen. Ihr Brustbein zieht Ihren Körper zum Himmel, Ihr Kopf hängt locker nach hinten und unten. Beide Übungen fördern einen klaren Geist.

Hockhaltung

Gehen Sie vom Stand aus in die Hocke und bleiben Sie dort zwei, drei Atemzüge lang. Das stärkt Ihre Füße, beugt Krampfadern vor und sorgt für eine gute Balance. Wenn Sie diese halten können, wirkt sich das auch auf Ihr inneres Gleichgewicht aus. Ihr Gehirn wird dabei gut durchblutet, und mentale Überanspannung verschwindet. Die Hockhaltung ist eine sehr wirksame Antistress-Strategie. Wiederholen Sie sie 20-mal.

Katze  46

Nehmen Sie den Vierfüßlerstand ein – auf Knien und Händen – und runden Sie beim Einatmen Ihr Kreuz, als ob Sie jemand am Hosenbund Richtung Himmel zöge. Lassen Sie Ihren Rücken beim Ausatmen dann wieder flach werden, ohne jedoch ein Hohlkreuz zu machen. Atmen Sie zwölfmal auf diese Weise.

Atmen Sie aus: Machen Sie Ihren Rücken so rund wie möglich.

Atmen Sie ein: Lassen Sie Ihren Rücken flach werden.

Das ist eine der besten Atem- und Rückenübungen, die ich kenne. Auch Nacken und Kopf werden dabei optimal durchblutet.

Bauchlage

Legen Sie sich auf den Bauch. Verschränken Sie Ihre Hände vor dem Körper und legen Sie Ihren Kopf darauf ab. Atmen Sie ruhig und gleichmäßig in die Partie um Ihren Bauchnabel. Lassen Sie diese in Ihrer Vorstellung warm werden und lebendig pulsieren.

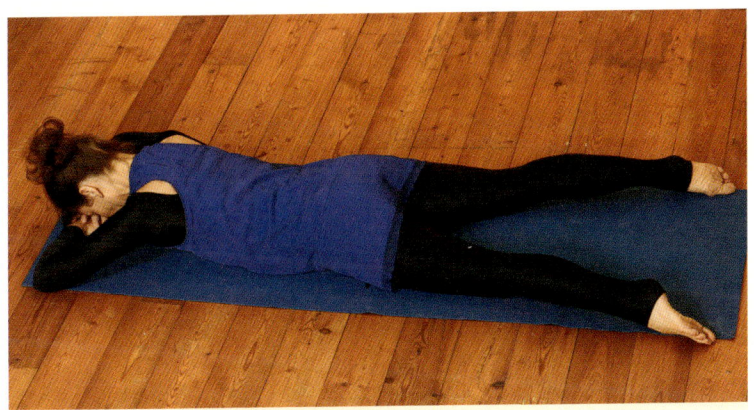

Entspannen Sie sich vollständig.

Das ist die Antistress-Übung! Lassen Sie sich ein wenig Zeit dafür.

Rücken

Legen Sie sich zum Abschluss noch einmal auf den Rücken. Die Arme bilden einen 30-Grad-Winkel zum Oberkörper, die Beine ein V.

Spüren Sie, wie Ihr Körper auf dem Boden aufliegt.

Lassen Sie gedanklich frisches Quellwasser vom Scheitel bis zu den Füßen durch Ihren Körper fließen. Genießen Sie die reinigende und belebende Wirkung dieser Vorstellung. Danach haben Sie einen herrlich klaren Kopf.

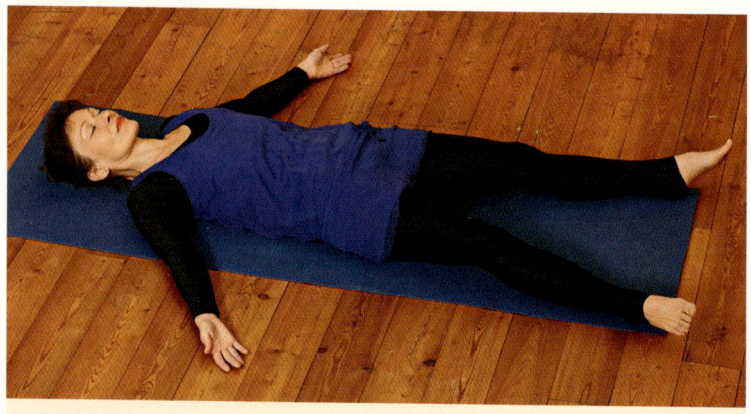

Genießen Sie Ihre Entspannung.

Es gibt noch Hunderte weiterer Yogaübungen. Aber um diese zu lernen, sollten Sie einen Yogakurs besuchen. Wenn Sie sehen, wie der Yogalehrer die Übungen ausführt, fällt es Ihnen leicht, die entsprechende Haltung ebenfalls einzunehmen. Dieses Buch bietet Ihnen lediglich die Gelegenheit, ein wenig in die Praxis des Yoga hineinzuschnuppern.

Sollte Ihnen Yoga absolut nicht liegen, gibt es viele andere Möglichkeiten, das eigene Gehirnpotenzial durch aktive Entspannung zu entwickeln.

Massagen

Ebenso wohltuend und konzentrationsfördernd wie Yogaübungen sind Massagen. Sie sind ein wesentlicher Bestandteil jeder körperorientierten Therapie. Massagen sorgen für muskuläre und nervliche Entspannung, gute Durchblutung und gesteigertes Wohlempfinden. Sie fördern das Zusammenspiel Ihrer Organe ebenso wie das zwischen Körper und Gehirn. Die Konzentration des „Glückshormons" Serotonin im Blut steigt dabei an. Massagen sind also auch gegen Antriebslosigkeit, Mutlosigkeit und Niedergeschlagenheit zu empfehlen. Ihre Konzentrationsfähigkeit steigt sprunghaft an, während Ihr Körper durchgeknetet wird, vor allem, wenn es Ihnen dabei gelingt, vollkommen abzuschalten.

Vielleicht haben Sie gerade keine Gelegenheit, sich vom Arzt Massagen verschreiben zu lassen? Dann lohnt sich zum Beispiel auch die Anschaffung einer Massagematte. Sie finden eine große Auswahl verschiedener Matten, darunter auch sehr preisgünstiger, in Sanitätsgeschäften oder im Internet. Ich habe mir vor Jahren eine sehr leichte bei einem Internetshop für Sport- und Wellnessartikel bestellt, die ich zu Seminaren mitnehmen und im Hotelzimmer auf das Bett legen kann. Sie hat etwa 50 Euro gekostet und funktioniert noch immer. Und das bei recht häufigem Gebrauch.

Für Manager: In vielen Businesshotels werden Massagen angeboten. Lassen Sie sich vor wichtigen Terminen fit machen.

Shiatsu

Shiatsu ist eine japanische Methode, um den Energiefluss in Körper und Gehirn zu fördern. Das Wort bedeutet schlicht „Fingerdruck", denn Shiatsu wird ähnlich wie Akupressur mit den Fingerspitzen ausgeführt. Der sanfte Druck stimuliert vor allem Ihre autonomen Nervensysteme Stammhirn und Bauchhirn und kann je nach Bedarf eine beruhigende oder anregende Wirkung haben. Ihre Organe funktionieren danach perfekt, und Ihr Kopf ist glasklar und aufnahmefähig. Shiatsu stärkt zudem die emotionale Stabilität und die innere Gelassenheit.

Qigong

Qigong – gesprochen: Tschi Gung – sind langsame Bewegungen, die den Kreislauf regulieren und Muskelverspannungen lösen – ein Training für Körper, Geist und Seele, das die Energien harmonisiert und zum Fließen bringt. Die Übungen sind leicht zu erlernen, und man kann sie überall ohne jeden Aufwand ausführen. Qigong steigert die Konzentrationsfähigkeit, Ihr körperliches und seelisches Wohlbefinden, und es stärkt Ihr Immunsystem.

Es eignet sich für gestresste Manager genauso wie für Studenten mit rauchenden Köpfen, für Senioren, zur Rekonvaleszenz – kurz für alle, die Lust haben, sich in Schwung zu bringen, aber keinen Leistungssport treiben wollen oder können, sowie für alle, die mentale Hochleistung erbringen müssen und extremer nervlicher Belastung ausgesetzt sind. Ebenso für Menschen mit Herz-Kreislauf-Problemen, Rheuma, Polyarthritis, Osteoporose und Sportverletzungen.

Bereits nach kurzer Zeit des Übens spürt man, wie neue Energie als wohlige Wärme durch den Körper fließt. Das Vertrauen in den eigenen Körper wächst, man fühlt sich gestärkt und gewinnt die Sicherheit, Probleme aus eigener Kraft zu lösen.

Qigong ist die ideale Vorbereitung für wichtige Gespräche, lange Stunden am Schreibtisch, Ihr Referat oder eine Präsentation.

Lassen Sie sich nicht durch den fernöstlichen Begriff entmutigen und verwirren. Denn kaum eine andere Methode lehrt Sie unaufwendiger und effizienter, Atem mit Bewegung zu verbinden und Ihre Gedanken durch Ihren Körper Ausdruck finden zu lassen. Qigong ist kein Sport und keine esoterische Entspannungsmethode. Es gleicht Sie einfach aus und gibt Ihnen das Geschenk des natürlichen Atmens zurück – vor allem, wenn Sie nicht der Typ sind, der Yogazentren aufsucht oder regelmäßig zum Meditieren geht, wo Atemtechnik natürlich von Grund auf gelehrt wird.

Qigong ist leicht zu praktizieren: Sie brauchen dafür weder Trainingsgeräte noch besondere Kleidung. Sie sind unabhängig von der Tageszeit und vom Übungsort. Ihr Alter, Ihre sportliche Kondition und Gelenkigkeit spielen dabei keine Rolle. Auch in der Rekonvaleszenz und bei starker mentaler Beanspruchung können Sie üben. Wenn Ihr Kopf streikt, stehen Sie auf, machen 20 Minuten lang Qigong und arbeiten danach erfrischt weiter.

Tai-Chi kann als besonderer Zweig des Qigong betrachtet werden und erfüllt den gleichen Zweck.

Jin Shin Jyutsu  47

Sprechen Sie es so aus: Dschin Schin Dschiutsu. Mit dieser Kunst haben uns die großen Weisen des Ostens – denn diese Technik wurde nicht nur in Japan praktiziert – eine Fülle von Übungen geschenkt, die Harmonie in unser Leben bringen.

Sie halten dabei einfach Ihre Finger oder legen Ihre Hände auf bestimmte Körperregionen. Durch das Berühren lenken Sie Ihre Aufmerksamkeit ganz auf sich selbst. Dadurch gelingt es Ihnen, die unruhige Welt um Sie herum eine Zeit lang zu vergessen, und beginnen, Ihr Inneres wahrzunehmen.

Ihre Gedanken werden ruhiger, Sie werden gelassener, und Sie bringen Ihren Lebensstil in Einklang mit der Natur und Ihrer Umwelt. Sie entwickeln Zuversicht und Lebensfreude. Auch körperliche Beschwerden harmonisieren sich, da Ihre eigene Kraft zur Selbstheilung durch dieses Strömen aktiviert wird.

Jin Shin Jyutsu erweckt in Ihnen das Bewusstsein, dass alles, was Sie für ein harmonisches Leben und zum Glücklichsein brauchen, in Ihnen selbst liegt. Sie *strömen* mit Ihren eigenen Händen Ihre Lebensenergie.

Man kann sich dabei entspannt hinlegen, was vor allem diejenigen anspricht, die sich bei einem körperlichen oder mentalen Tiefpunkt gern schnell und effektiv wieder mit Energie aufladen möchten. Auch ein Defizit an Wärme und Geborgenheit können Sie damit leicht ausgleichen.

Die eigenen Finger können Sie überall halten, wo Sie sie gerade nicht „brauchen": im Kino, beim Fernsehen, in der U-Bahn, während Warte-

zeiten – das unaufwendigste Praktizieren, das Sie sich vorstellen können. Das Fingerhalten ist jedoch nur *eine* Möglichkeit, Jin Shin Jyutsu
auszuüben. Sie können es mühelos nach Büchern lernen.

Eine Variante, mit der Sie Ihr vegetatives Nervensystem ins Gleichgewicht bringen können, sehen Sie auf den folgenden Fotos und auf
der DVD. Legen Sie die rechte Hand ganz oben auf Ihren Kopf und
halten Sie mit der linken Hand jede Körperpartie (s. Fotos) drei bis
vier Minuten lang, bevor Sie zur nächsten übergehen. Genießen Sie
anschließend die wohltuende Wirkung.

Legen Sie die Finger Ihrer linken Hand zwischen Ihre Augenbrauen.

Berühren Sie mit allen Fingern Ihre Nasenspitze.

Legen Sie Ihre Finger in Ihre Halsgrube.

Legen Sie die Hand auf Ihre Herzregion.

Legen Sie Ihre Hand unterhalb des Brustkorbs ab.

Legen Sie Ihre Hand auf den Nabel.

Legen Sie Ihre Hand auf das Schambein.

Legen Sie Ihre rechte Hand auf Ihr Steißbein.

Ordnung schaffen

Ihre Konzentration verbessert sich deutlich, wenn Sie Ihren Schreibtisch und Ihre Unterlagen, auch im Computer, regelmäßig aufräumen. Machen Sie es wie Ihr Gehirn: Ordnen Sie Ihre Dokumente und den Zettelberg, werfen Sie weg, was Sie nicht mehr brauchen (das kann Ihr Gehirn sehr gut und ohne Reue), bearbeiten Sie den Rest und legen Sie ihn klar beschriftet ab. Finden Sie für Ihre Unterlagen, die Sie später bearbeiten, einen Platz außerhalb Ihres Gesichtsfelds, während Sie sich mit Ihren aktuellen Inhalten beschäftigen. Ihr Gehirn liebt solche Vorgänge: Wenn Sie etwas ordnen, räumt es ebenfalls auf. Bei all den neuen Informationen, die alle drei Sekunden auf seine Zellen einströmen, braucht das Gehirn diese Zeiten, um Klarheit in Ihrem Kopf zu schaffen.

Erstellen Sie eine To-do-Liste für Ihre bevorstehende Arbeit. Schreiben Sie anschließend einen Plan für den nächsten Tag. Dann kann sich Ihr Gehirn schon mal vorab mit dem Thema befassen – es ist vorbereitet, wenn Sie Ihre nächste Arbeitseinheit beginnen.

Es ist übrigens egal, was Sie aufräumen: Ihren Schuhschrank, das Gewürzregal, Schubladen oder Ihren Keller – das Gehirn nutzt jede dieser Gelegenheiten dankbar, um Struktur in Ihr Denken zu bringen. Wenn Sie nicht wissen, wie Sie beginnen sollen und nicht vollkommen unter Zeitdruck stehen, räumen Sie zunächst eine Schublade auf. Oft geschieht dann ein kleines Wunder: Ideen fließen Ihnen zu, das Lernen fällt Ihnen leicht und Sie sind vollkommen konzentriert. Sie können Ihre Ziele wieder klar erkennen und fröhlich drauflosstürmen, um sie zu erreichen.

Die Morgenseiten

Eine wunderbare Unterstützung, größere Klarheit in die eigenen Gedanken zu bringen, bieten Ihnen die „Morgenseiten". Ich stehe seit vielen Jahren gern eine halbe Stunde früher auf, um drei DIN-A4-Seiten mit allen Gedanken vollzuschreiben, die mir durch den Kopf gehen. Damit finde ich meinen Platz in der realen Welt nach den oft verwirrenden Ausflügen der nächtlichen Träume: „Es regnet. Über mir hämmert jemand."

Ich sage meinem Körper Guten Morgen: „Mein Fuß schmerzt. Ich brauche andere Joggingschuhe."

Und meinen Gedanken. Die Morgenseiten kann man nicht mit einem Tagebuch vergleichen, in dem Sie – meistens abends – reflektiert niederschreiben, was Sie bewegt. Diese drei Seiten sind chaotisch: Sie dürfen alle Gedanken durcheinander schreiben, die Interpunktion vergessen, schmieren, kritzeln und ständig alle Ebenen vermischen: „Ich muss mit meinem Freund darüber sprechen. So geht es nicht weiter. Der spinnt wohl. Warum parkt dort drüben ein Feuerwehrauto? Komisch. – Wo habe ich gestern Abend mein Portemonnaie hingelegt?"

Abkürzungen sollten Sie dagegen vermeiden. Es ist wichtig, dass Ihre Hand jeden Buchstaben niederschreibt. Damit regen Sie alle Gehirnbereiche an, die Sie für die kommenden Aufgaben des Tages aktivieren möchten. Sie schreiben ohne Zensor, und gerade dadurch kommen Sie oft mühelos auf die richtigen Lösungen. Sie verarbeiten alles, was Ihnen im Magen liegt, erkennen die Dringlichkeit, eine unbefriedigende Situation zu ändern und entwerfen ganz nebenbei eine neue Verkaufsstrategie oder die Gliederung für Ihre Präsentation. Je wilder

Sie durcheinander schreiben, desto schneller erkennen Sie, welche Punkte dabei noch nicht stimmig sind, denn automatisch fließen Ihre Gedanken nach den ersten Sätzen in die Richtung Ihrer aktuellen Aufgabe. Sie entwickeln viele oft gewagte Schlussfolgerungen, die neue Informationen gleich auf mehreren Ebenen mit bereits Vorhandenem verknüpfen, wodurch Sie sie leicht behalten und abrufen können.

Auch die Morgenseiten sind ein Akt des Ordnungschaffens – in Ihrem Gehirn. Danach ist es aufgeräumt, und Sie können sich viel besser konzentrieren. Schreiben Sie möglichst kurz nach dem Aufstehen, dann sind alle Gehirnbereiche noch gut miteinander verbunden. Zu Ihrem Unbewussten haben Sie daher noch leicht Zugang, und Ihre Gedanken strömen nur so. Ich verdanke den Morgenseiten unendlich viele gute Ideen, die Kraft und die Struktur, sie umzusetzen, und viel mehr Klarheit in meinen Beziehungen zu anderen Menschen. Sie bergen eine Riesenchance, das eigene Denken besser zu strukturieren und die eigenen Ziele, Werte und Bedürfnisse zu erkennen. Nach diesen drei Seiten fallen Ihnen Lösungen zu, und die Konzentration auf Ihre anstehenden Aufgaben fällt Ihnen leicht.

Allein sein können

Haben Sie den Mut, öfter mal einen Tag allein zu verbringen. Dadurch kommen Ihre Gedanken zur Ruhe. Da Sie nicht ständig reagieren müssen, können Sie Ihr Denken in der Stille auf Ihr Thema lenken.

Schaffen Sie sich ein ruhiges, störungsfreies Umfeld – eine Umgebung oder Situation, die so ruhig ist, dass Sie sich langweilen würden, wenn Sie sich nicht gedanklich mit etwas beschäftigen könnten. Meiden Sie Partys, wenn Sie sich in einer Phase Ihres Lebens befinden, in der Sie viel lernen müssen. Verzichten Sie auf das Fernsehen und lesen Sie nichts außer allem, was mit Ihrem Thema zu tun hat. Reduzieren Sie jeden anderen Input. Dagegen können Sie sich jedes Mal, wenn Ihr Kopf eine Pause braucht, manuell betätigen. Kochen Sie, streichen Sie ein Regal an, bewegen Sie sich, räumen Sie Ihre Garage auf oder füllen Sie Gewürze in Gläser. Jonglieren Sie mit einer Apfelsine. Dann mit zwei. Das ist übrigens ein super Training für Ihr Gehirn. Arbeiten Sie dieses Buch durch. Beschäftigen Sie sich mit Ihrem Thema. Machen Sie es sich zu eigen, folgen Sie Ihren Assoziationen, entwickeln Sie Interesse für Ihre Aufgabe.

Legen Sie sich auf Ihre Couch oder machen Sie einen Spaziergang. Befreien Sie sich dabei von jeder inneren Einstellung, die Ihnen Druck bereitet: von der Abhängigkeit nach Anerkennung, von Ihrem Perfektionszwang, der Sucht nach Erfolg, davon, etwas Besonderes sein zu wollen, von der Überzeugung, dass Sie nur geliebt und geachtet werden, wenn Sie außerordentliche Leistungen erbringen, von Ihrem Pflichtbewusstsein und von Selbstmitleid. Denn Sie haben Ihr vorübergehendes Einsiedlertum freiwillig gewählt, um konzentriert zu arbeiten. Partys feiern können Sie danach.

Um Ihre Konzentrationsfähigkeit zu erhalten, sollten Sie sich mindestens zwei Stunden pro Woche gönnen, die allein Ihnen gehören. In dieser Zeit dürfen Sie tun, wozu Sie Lust haben. Doch vor Prüfungen sollten Sie alles andere konsequent absagen – freundlich, aber bestimmt. Je ruhiger und sicherer Sie das anderen mitteilen, desto mehr achtet man Sie – selbst wenn Sie den runden Geburtstag eines lieben Freundes nicht mitfeiern können.

Wenn jemand aus Ihrem Bekanntenkreis beleidigt reagieren oder Ihnen Vorwürfe machen sollte, nutzen Sie Ihre privaten Stunden des Alleinseins, um sich zu fragen: Wer von meinen Freunden und Kollegen tut mir eigentlich gut? Wer unterstützt mich? Und wer blockiert mich in dem, was ich gern tun möchte? Ziehen Sie Ihre Konsequenzen. Gehen Sie auf Abstand, wenn jemand versucht, Sie daran zu hindern, Ihre Ziele zu erreichen. Aber sprechen Sie mit den Menschen, die Sie mögen, über diese Ziele und Ihre Werte. Machen Sie ihnen klar, was für Sie wichtig ist. Wenn jemand Sie wirklich mag, verzichtet er gern auf einige Stunden mit Ihnen, um Sie auf diese Weise beim Erreichen Ihres Ziels zu unterstützen.

Sollten Sie sich nicht sicher sein, wer Ihnen wirklich zugetan ist, schließen Sie die Augen und stellen sich vor, dass diese Person sich jetzt mit Ihnen im Zimmer befindet. Sprechen Sie in Gedanken mit ihr. Hören Sie zu. Lassen Sie sich ein wenig Zeit für diese Übung und wiederholen Sie sie gegebenenfalls. Sie werden in Ihrem Urteil immer sicherer werden. Lassen Sie sich unter keinen Umständen ein schlechtes Gewissen machen.

Den Inhalt lebendig machen

Wenden Sie so viel Zeit, wie Sie erübrigen können, auf, um sich mit einem neuen Inhalt vertraut zu machen. Wussten sie, dass ein Schauspieler ein Stück zehnmal gelesen haben sollte, bevor er beginnen kann, sich Gedanken zu seiner Rolle zu machen? Je intensiver Sie sich mit Ihrem Thema beschäftigen, desto mehr gehen Sie damit in Resonanz. Sie stellen fest, wie viele Informationen Sie plötzlich „per Zufall" geliefert bekommen, wenn Sie Ihre gedanklichen Antennen auf den entsprechenden Inhalt richten. Seien Sie offen für Neues, der erste Eindruck kann täuschen. Selten ist etwas so langweilig, wie es manchmal auf den ersten Blick zu sein scheint.

Lesen Sie Fachbücher zum Thema, zwingen Sie sich aber nicht, diese systematisch durchzugehen. Schmökern Sie lieber und bleiben Sie dort hängen, wo Sie ein Inhalt interessiert. Vielleicht lesen Sie dann die Seiten davor auch gern. Andere Bücher zum Thema formulieren und stellen den Inhalt oft unterschiedlich dar. Dabei stoßen Sie auch immer auf einiges, das Sie schon wissen. Dadurch kann Ihr Gehirn viele neue Verknüpfungen mit bereits Bekanntem bilden. Leider haben Sie nicht die Möglichkeit, Ihrem Gehirn zu signalisieren: „Bitte gleich ablegen, das will ich mir merken." Dieser Vorgang geschieht unbewusst. Überlisten Sie daher Ihre grauen Zellen. Machen Sie das Recherchieren zum Spiel, vergessen Sie das Pflichtlernen. Schaffen Sie so viele Bezüge wie möglich. Dadurch wird der Inhalt für die Zensur in Ihrem Gehirn farbiger und wichtiger – die Chance steigt, dass der neue Input im Langzeitgedächtnis abgelegt wird.

Hinterfragen Sie die einzelnen Punkte, lassen Sie sich von den Informationen beeindrucken. Vergessen Sie nicht, hin und wieder darüber zu staunen. Damit werten Sie den Inhalt für Ihr Gehirn auf. Überlegen

Sie sich, welche Fragen ein Zuhörer, der sich in der Materie nicht so gut auskennt wie Sie, Ihnen dazu stellen könnte.

Stellen Sie sich vor, Sie erklären Ihren Inhalt jemandem, der nichts davon versteht. Das zwingt Sie, sich mit Punkten, die Sie selbst noch nicht verstanden haben, genauer auseinanderzusetzen, den Inhalt auf das Wesentliche zu reduzieren und so einfach wie möglich auszudrücken. Das wird Ihnen auch im Hinblick auf Referate und Präsentationen sehr zugutekommen. Denn je einfacher Sie das Wesentliche formulieren können, desto besser kann der Zuhörer Ihnen folgen. Die Ohren sind nicht so schnell wie die Augen, wenn sie etwas aufnehmen sollen.

Machen Sie sich das Thema zu eigen: Beziehen Sie abstrakte Zusammenhänge konkret auf sich, verwandeln Sie objektive Fakten in subjektive Überzeugungen. Das steht Ihnen zu. Schließlich sind Sie der Mittelpunkt Ihrer Welt.

Schreiben Sie Ihren neuen Inhalt handschriftlich auf. Dadurch verbinden Sie Ihre beiden Gehirnhälften miteinander und unterstützen Ihre Gehirnzellen dabei, die neuen Informationen in Ihr Langzeitgedächtnis zu programmieren.

Teilen Sie Ihren Lernstoff in sinnvolle Portionen ein. Verarbeiten Sie diese nacheinander. Fassen Sie die Abschnitte in jeweils einem Satz zusammen. Finden Sie zu jedem einen persönlichen Standpunkt. Begründen Sie diesen. Fragen Sie sich: Was folgt daraus? Für mich? Für die anderen? Für die ganze Welt?

Greifen Sie zu Buntstiften oder anderen Farben und malen Sie Ihre Portionshäppchen in verschiedenen Farben an. Das erleichtert es Ihnen, die einzelnen Punkte und auch deren Reihenfolge zu behalten.

Vielleicht wählen Sie sogar eine farbliche Entsprechung zum Inhalt (s. Kapitel *Licht und Farben*).

Erarbeiten Sie sich einen persönlichen Bezug zu den einzelnen Punkten. Entscheiden Sie sich immer für Naheliegendes, daran erinnern Sie sich besonders leicht. Ihr Bezug darf banal sein. Sie müssen ihn ja niemandem mitteilen. Hauptsache, Sie programmieren den neuen Stoff mühelos in Ihr Gehirn. Bei Eselsbrücken ist alles erlaubt. Je absurder sie sind, umso besser behält man sie oft. Bleiben Sie dennoch lieber beim Thema und Ihrer alltäglichen Beziehung dazu. Allzu gewagtes Abschweifen lenkt Sie ab und kostet auch beim Wiederholen und Abrufen meistens zu viel Zeit und Energie. Durch Farben und Stimmungen, Geräusche und Düfte, eigene Erfahrungen und Gefühle schaffen Sie den persönlichen Bezug, den Sie brauchen und an den Sie sich leicht erinnern können.

Denken Sie bei dem Wort „Gefühle" bitte nicht an große Leidenschaften wie im Kino! Es geht nicht um „große" Gefühle, wenn Sie sich etwas merken möchten. Diese Ausnahmeemotionen würden Ihr Bewusstsein voll und ganz beanspruchen. Freude und Interesse am Lernen genügen vollkommen. Das Gehirn speichert auch Unbewusstes. Ein anerkennendes Wort, eine angenehme Stimmung, eine nette Erinnerung – mehr brauchen Ihre Nervenzellen nicht, um eine emotionale Verknüpfung zu bauen. Zum Beispiel mochte ich Latein in der Schule gern. Warum? In der fünften Klasse wusste ich eines Tages zufällig als Einzige eine etwas ungewöhnliche Vokabel. Die Lehrerin nickte anerkennend. Das verschaffte mir die Gewissheit, dass Latein mir liegt und Freude macht, und diese Überzeugung blieb meine ganze Schulzeit über. Wegen eines kurzen anerkennenden Nickens! Es hat offensichtlich eine positive emotionale Verknüpfung in meinem Gehirn ausgelöst.

Finden Sie zu den einzelnen Punkten und Hypothesen Alternativen, dann speichern Sie den neuen Stoff besonders gut. Hierfür kann es hilfreich sein, den ganzen Inhalt zu veralbern oder sich vorzustellen, ihn jemandem so zu erzählen, als wären Sie leicht angeheitert. Das regt Ihre rechte Gehirnhälfte dazu an, viele Alternativen und Lösungen zu finden. Bewerten können Sie diese später. Zunächst geht es darum, den neuen Inhalt nachhaltig zu verarbeiten. Sie lernen ihn tatsächlich besser kennen, wenn Sie um diesen herum ein leichtes Chaos verbreiten und ihn nicht zu früh in fest gefügte gedankliche Koordinaten pressen.

Bei Aufzählungen merken Sie sich am besten die Anfangsbuchstaben der einzelnen Punkte und bilden einen kurzen Satz daraus, an den Sie sich gut erinnern können. Zahlen merken Sie sich am schnellsten, wenn Sie sie farbig vor sich sehen oder auch anmalen. Es kann auch Spaß machen, sie in einem bestimmten Rhythmus zu lernen. Das hilft Ihnen sehr, wenn Sie sich Telefonnummern oder andere wichtige Zahlen merken möchten, Sie aber gerade keine Möglichkeit haben, sich diese aufzuschreiben.

Aus komplizierten Formeln können Sie Geschichten entwickeln. „Minus b" ist dann zum Beispiel ein Bär, der rückwärts geht. Doch dazu brauchen Sie Zeit, Fantasie und eine große Portion kreativer Energie. Heben Sie sich diese Möglichkeit, sich abstrakte Inhalte zu merken, für den Notfall auf, wenn eine einzelne Information sich hartnäckig weigert, den Weg ins Langzeitgedächtnis anzutreten.

Verwandeln Sie abstrakte Begriffe in Menschen, Tiere, Farben, Stimmungen und Dinge, die Sie mögen. Dadurch sind Sie emotional beteiligt, und Ihr Gehirn hat es leicht, viele Verknüpfungen mit Gefühlen zu erstellen. Es speichert den Input mühelos ab, und Sie können diesen anschließend auch schneller abrufen, denn an diese Eselsbrücken erinnern Sie sich gern.

Es ist sehr erleichternd, dass man den Inhalt eines Flipcharts heutzutage einfach mit dem Handy fotografieren kann. Nur – können Sie sich die Informationen dann auch merken? Abschreiben ist die bessere Methode, wenn Sie den Inhalt behalten möchten. Oder die Kombination von beidem: zuerst fotografieren und später noch einmal abschreiben.

Wenn Sie visuell veranlagt sind, fertigen Sie Skizzen zu Ihrem neuen Inhalt an. Das ermöglicht Ihnen ein leichtes Verarbeiten und müheloses Abrufen der Informationen.

Sprechen Sie den neuen Stoff in ein Diktafon und hören Sie sich den Text so lange an, bis er Ihnen vertraut ist. Das ist die beste Methode für alle auditiven Logiker.

Probieren Sie manuell aus, was immer Ihnen möglich ist, sollten Sie ein „Learning by doing"-Typ sein. Dann müssen Sie „es" gemacht haben, bevor sich der neue Stoff setzen kann. Das dauert möglicherweise ein bisschen länger, sitzt dann aber fürs Leben. Können Sie nichts ausprobieren, weil der Inhalt zu abstrakt ist, lernen Sie im Gehen, auch im Zimmer, und verbinden Sie die einzelnen Punkte mit verschiedenen Körperhaltungen und Gesten. Das muss nichts Kompliziertes sein – recken Sie den Arm in die Höhe, nehmen Sie eine Vase in die Hand, berühren Sie Ihr Knie oder das Kalenderblatt. Das Arbeiten sollte so unaufwendig wie möglich sein.

Ein Laufband eignet sich wunderbar fürs Lernen und Wiederholen, aber nur, wenn Sie eines zu Hause haben. In einem Fitnessstudio wären Sie zu stark abgelenkt. Der Mensch ist entwicklungsgeschichtlich ein „Geher". Daher fördert Gehen das Verarbeiten neuer Informationen sehr.

Vergessen Sie nicht, zwischendurch regelmäßig „aufzutanken" – mit allem, was Ihnen Spaß macht. Und „lassen" Sie ruhig auch mal denken, während sie beidseitige, wiederkehrende Tätigkeiten ausführen, wie sie im Haushalt anfallen. Je weniger Sie mental dabei gefordert sind, umso mehr freut sich Ihr Gehirn, weil es in Ruhe die richtigen Verknüpfungen erstellen und den Inhalt sinnvoll ablegen kann.

Schreiben Sie jemandem einen Brief – den Sie nicht abschicken müssen – und schildern Sie ihm, womit Sie sich beschäftigen. Gehen Sie dabei auf den Wissensstand Ihres Briefpartners ein. Oder legen Sie sich auf den Rücken und sprechen Sie in Gedanken mit jemandem, den Sie sich vorstellen. Erklären Sie ihm Ihr Thema so einfach wie möglich.

Gehen Sie auch für sich selbst den Inhalt immer wieder mit geschlossenen Augen, am besten im bequemen Liegen, Punkt für Punkt durch. Das ist ein mentales Training, das nicht nur Berufsrennfahrer, Slalomläufer und Künstler bei der Vorbereitung ihrer Aufgaben unterstützt, sondern auch Ihre Gehirnzellen.

Denken Sie kurz vor dem Einschlafen noch einmal an Ihr Thema. Damit regen Sie Ihr Gehirn an, Lösungen für Ihre Aufgabe zu finden. Während Sie schlafen, kann es dann den neuen Input in Ruhe verarbeiten, und wenn Sie morgens aufwachen, wird Ihnen vieles plötzlich klarer und ganz logisch erscheinen. Der neue Stoff hat sich „gesetzt". Sie haben das Gefühl, dass Sie sich schon lange Zeit ausgiebig mit der Thematik beschäftigt haben.

Wechseln Sie hin und wieder Ihren Blickwinkel: „Der erfolgreiche Mensch beschäftigt sich mit den Interessen der anderen, der erfolglose und gewöhnliche Mensch vorwiegend mit seinen eigenen Interessen", sagte der Psychologe Alfred Adler. Vielleicht gibt es Ihnen einen Ansporn, sich zu konzentrieren, wenn Sie einen übergeordneten Sinn in Ihrer Denkleistung erkennen?

Gehen Sie daher immer auch auf andere ein – gedanklich und verbal –, egal, ob im realen Gespräch, bei Präsentationen oder auch nur in Ihrer Vorstellung, wenn Sie aus neuen Informationen eigene Schlüsse ziehen möchten. Überlegen Sie, wie Sie dazu beitragen könnten, die Bedürfnisse anderer zu befriedigen.

„Wer fragt, der führt" – diesen Spruch kennen Sie vielleicht. Fragen Sie und hinterfragen Sie nochmals Ihren Inhalt auch im Hinblick auf die Interessen anderer. Überprüfen Sie ständig, ob Ihr Gesprächspartner Ihnen folgen kann. Hört er noch zu? Sollten Sie Ihren Inhalt noch einfacher ausdrücken, den Nutzen klarer herausstellen? Wenn Sie die Interessen anderer berücksichtigen, schaffen Sie weitere Verknüpfungen in Ihrem Gehirn, wodurch neue Informationen noch sicherer im Langzeitgedächtnis landen und somit abrufbar sind.

Powermittel für Ihre Gehirnzellen

Bachblüten

In den Zwanzigerjahren des vorigen Jahrhunderts entwickelte der englische Arzt Edward Bach das System der 38 Bachblüten, denen verschiedene Gefühlsverfassungen zugeordnet werden. Es soll sie dabei unterstützen, mit den eigenen Charakterschwächen konstruktiv umzugehen und so eine Art seelischer Gesundheitsvorsorge betreiben. Das System der 38 Blüten ist in sich abgeschlossen und wird seit über 80 Jahren angewendet. Mit einer individuellen Bachblütenberatung können Sie meiner Erfahrung nach sehr wirkungsvoll gegen Konzentrationsschwächen vorgehen. Da die Tropfen keine Nebenwirkungen haben, möchte ich Ihnen hier einige Blüten empfehlen, die Sie unbesorgt einnehmen können, falls die hier beschriebenen Konzentrationsprobleme bei Ihnen zutreffen.

White Chestnut

Wenn die Gedanken sich beim Einschlafen drehen und drehen, sich wiederholen und immer wiederkehren, ist White Chestnut angesagt. Diese Bachblüte lässt Sie auf der Stelle einschlafen – ohne jede chemische Ergänzung. Einfach nur, indem sie das Gedankenkreisen unterbricht und Ihr Denken zur Ruhe bringt. White Chestnut ist übrigens der englische Begriff für die Weiße Rosskastanie.

Cherry Plum

Diese Tropfen bezeichnet man auch als „Loslass-Blüte". Sie sind sehr zu empfehlen, wenn Sie nicht abschalten können und sich in eine Materie zu sehr verbissen haben. Oder Sie nehmen Sie vor dem Yogatraining, um sich tiefer entspannen zu können.

Hornbeam

Ein paar Tropfen in ein Glas Wasser und über den Tag verteilt getrunken, macht das Mittel Ihren Kopf frei, wenn Sie sich zu lange mit ungeliebten Themen beschäftigen müssen und zu wenig Input bekommen, der Ihnen Freude macht – bei mentaler Müdigkeit also.

Clematis

Diese Blüte in Tropfenform ist dann geeignet, wenn Sie gern abschweifen und zum Träumen neigen.

Walnut

Das Mittel spricht Ihr Gehirn direkt an. Es eignet sich, um einen klaren Geist zu bekommen, und unterstützt jeden Neubeginn.

Homöopathische Mittel

Diese Mittel gibt es als Globuli – kleine Kügelchen – oder als Tropfen. Lassen Sie sich bezüglich der Potenz (D3, D6, D12 etc.) und der Anwendung von Ihrem Apotheker beraten. In fast jeder Apotheke gibt es heutzutage einen Spezialisten mit homöopathischer Zusatzausbildung.

Ginkgo biloba

Der Ginkgobaum war die erste Pflanze, die nach dem Abwurf der Atombombe auf Hiroshima wieder Sprossen trieb. Er ist sehr robust gegen Umwelteinflüsse. Aus seinen Blättern wird das Gehirnmittel schlechthin hergestellt. Seine zellschützenden Eigenschaften gelangen direkt in die Nervenzellen und regen Ihr Gehirn zu Höchstleistungen an. Hoch dosierter Ginkgoextrakt soll es sogar schaffen, geschädigte Zellen zu reparieren. Das dürfte interessant für Sie sein, wenn Sie bereits älter sind. Dagegen genügt es in jungen Jahren, beim Lernen einfach ein paar Globuli des homöopathischen Mittels einzunehmen.

Cimicifuga racemosa

Für Frauen: Wenn Sie öfter ein Wattegefühl im Kopf haben, das hormonell bedingt ist, nehmen Sie fünf Globuli der Traubensilberkerze ein. Oft hüllt dieses merkwürdige Gefühl den Kopf vor der Menstruation wie in einen Nebel. Auch während der Wechseljahre ist das Präparat gut geeignet, wenn Ihre Konzentration einmal nachlassen sollte.

Biochemische Ergänzungsmittel

Der Arzt und Forscher Wilhelm Heinrich Schüßler befasste sich im neunzehnten Jahrhundert als einer der Ersten mit Zellchemie. Er erkannte, dass nicht nur die Zelle selbst damit beschäftigt ist, ständig Informationen und biochemische Stoffe aufzunehmen und abzugeben, sondern auch die Zwischenzellsubstanz. Dieses sehr feine Bindegewebe durchzieht jedes Körperorgan. Von seiner Funktionsfähigkeit hängt es ab, ob Nervenfasern ihre Informationsaufgaben mühelos erledigen können.

Biochemische Mineralstoffmittel nach Schüßler können Energie und Reaktionsfähigkeit Ihrer Zellen erhöhen. Dann fallen Denken und Konzentration leicht. Lassen Sie sich in der Apotheke beraten, welche Mittel für Sie geeignet sind. Oft ist eine Zusammenstellung verschiedener Schüßler-Salze die wirksamste Strategie gegen Konzentrationsschwäche. Die Beratung sollte jedoch individuell erfolgen. Daher empfehle ich Ihnen hier nur ein einziges Mittel, das Sie unbesorgt einnehmen können, wenn Sie sich in einer Phase befinden, in der Sie mental besonders gefordert sind.

Biochemische Mittel haben übrigens keine Nebenwirkungen.

Kalium phosphoricum ist das Mittel der Kopfarbeiter. Nehmen Sie zwei bis vier Tabletten und lassen Sie sie langsam im Mund zergehen. Bei einem starken mentalen Erschöpfungszustand können Sie auch sieben Tabletten in heißem Wasser zerfallen lassen, das Sie dann schluckweise trinken. Das Mittel eignet sich nicht für den Abend: Es macht Sie hellwach. Nehmen Sie es höchstens dann ein, wenn Sie die Nacht durcharbeiten möchten. Bezüglich der passenden Potenz lassen Sie sich bitte ebenfalls beraten.

Vitamine

Die Vitamine der **B-Gruppe** regen das Gehirn am stärksten an. Sie stecken in Fleisch, Milch- und Vollkornprodukten, Hülsenfrüchten, Brokkoli, Spinat und Pilzen, in Käse, Avocados und Walnüssen. Sie können sich auch ein Vitamin-B-Präparat in der Apotheke kaufen. Seien Sie aber vorsichtig damit, wenn Sie abnehmen möchten: Besonders Vitamin B 12 kann den Appetit sehr anregen. **Vitamin C** macht fit – körperlich wie geistig – und stärkt Ihre Immunabwehr.

Mineralstoffe

Bei Stress stärkt **Magnesium** Ihre Konzentrationsfähigkeit. Essen Sie daher Fisch, Vollkornprodukte, Hülsenfrüchte, grünes Blattgemüse und Nüsse. Hoch dosierte Präparate können dagegen mental sehr müde machen. Auch **Zink** fördert Ihre Konzentration. Das Spurenelement ist z. B. in Käse, Fleisch und Vollkornprodukten enthalten.

Das Wichtigste für die Funktionsfähigkeit Ihres Körpers und Gehirns ist das Zusammenwirken aller Vitamine und Mineralstoffe. Achten Sie daher auf eine ausgewogene Ernährung.

Zum Schluss

Natürlich können Sie nicht alle Übungen und Anregungen in diesem Buch auf einmal ausführen. Wenn Sie wenig Zeit haben, suchen Sie sich zwei oder drei aus dem SOS-Programm oder den kinesiologischen Übungen heraus und probieren Sie sie aus. Wenn Sie mit der Wirkung zufrieden sind, bleiben Sie dabei. Lernen Sie dann nach ein paar Wochen eine weitere Übung und lassen Sie dafür eine der ersten weg. Ihr Gehirn wird durch diese Abwechslung angenehm angeregt.

Wenn Sie mehr Zeit haben, integrieren Sie so viele Übungen wie möglich in Ihren Alltag. Vielleicht machen Sie eine nach dem Zähneputzen, eine andere in der U-Bahn, zwei weitere am Arbeitsplatz, eine Übung in der Mittagspause und eine am Abend.

Konzentration und mentale Klarheit sind nicht abhängig vom Alter, sondern von Ihrer geistigen Aktivität. Dazu gehören die Lust, sich mit anderen zu unterhalten, und die Freude daran, Neues zu entdecken, zu lesen, immer wieder zu lernen und zu staunen. Dazu gehört auch die Bereitschaft, Verantwortung zu übernehmen und selbstbestimmt Entscheidungen zu treffen. Ebenso das Schaffen von Zielen und die freudige Erregung, wenn Sie diese ansteuern. Auch die Erkenntnis, wie wichtig es ist, sinnvolle Pausen zu setzen und sich regelmäßig aktive Entspannung zu gönnen, unterstützt Sie dabei, Ihr Denkvermögen zu steigern. Und nicht zuletzt das Wissen, dass Ihr Gehirn nur dann zufriedenstellend arbeiten kann, wenn alle Körperfunktionen gut aufeinander abgestimmt sind, Sie also Bewusstsein für Ernährung und ausreichenden Schlaf, Ihre Atmung und das Bedürfnis nach Bewegung entwickeln.

„Selig sind die Vergesslichen", sagte Nietzsche und meinte damit, diese vergäßen auch alles Schlechte schnell. Aber Sie können diesen Satz auch etwas anders interpretieren: Es ist ein Segen, dass Sie sich nicht immer an alles erinnern, was in diesem Moment vielleicht gar nicht so wichtig für Sie ist. Dadurch stehen Ihnen Ihre Gehirnzellen zur freien Verfügung, wenn Sie sich mit wesentlichen und aktuellen Dingen beschäftigen möchten. Entdecken Sie, wie viel Freude es bereiten kann, sich auf eine Aufgabe zu konzentrieren und dadurch eine Zeit lang die Welt zu vergessen.

Register

... bringt es auf den Punkt.

Ulrich Bien

Einfach. Alles. Merken.

Geniale Merktechniken
für ein perfektes Gedächtnis

Plus DVD: Der Kompakt-Kurs zum Anschauen

2., aktualisierte Auflage

humboldt –
Psychologie & Lebensgestaltung
248 Seiten, 50 Abbildungen
14,5 x 21,5 cm, Broschur
ISBN 978-3-86910-482-9
€ 19,95

- Einfache Merktechniken, sofort einsetzbar
- Zahlreiche praktische Übungen und Beispiele
- Für Beruf, Schule, Studium und Freizeit

„Sein Programm ist ohne Zweifel fachlich fundiert untermauert und seriös, zugleich präsentiert er es auch noch auf eine lockere und fast spielerische Art, die diesen Kurs aus der Vielzahl der Vergleichstitel sehr positiv herausragen lässt. Die vielen abwechslungsreichen Übungsangebote, Aufgaben und Experimente sowie Biens treffende und gleichzeitig auch witzige Schreibe tragen wesentlich zu diesem Eindruck bei." *ekz.bibliothekenservice*

Änderungen vorbehalten.
www.humboldt.de

Herbert Forster · Philip Janda

Stress abbauen mit ROME®

R Relaxation
O Organisation
M Mentale Kompetenz
E Energetisierung

224 Seiten, Broschur
ISBN 978-3-86910-490-4
€ 24,95

Raus aus der Stressfalle!
- In 4 Schritten zu Wohlbefinden und Leistungsfähigkeit
- Alle Techniken und Übungen lassen sich kinderleicht im Alltag umsetzen
- Inklusive Audio-Workshop

Stress kann für unseren Körper und unsere Psyche fatale Folgen haben. Das ROME®-System hebelt die negativen Auswirkungen von Stress aus. Durch Entspannungsübungen, eine bessere Organisation, die Veränderung der eigenen Einstellung und einen gesünderen Lebensstil gelangen Sie kinderleicht zu mehr Wohlbefinden und Leistungsfähigkeit.

humboldt

...bringt es auf den Punkt.

Gunnar Cramer •
Dag Furuholmen

Ich coache mich selbst!

Das Erfolgstraining gegen Stress,
Angst und andere
Belastungen

Der Ratgeber für ein
selbstbewussteres Leben

2., aktualisierte Auflage

humboldt –
Psychologie & Lebensgestaltung
248 Seiten, 12,5 x 18,0 cm, Broschur
ISBN 978-3-86910-477-5
€ 9,95

- Der Bestseller aus Norwegen in deutscher Sprache
- Erfolgreiche Übungen für die mentale Fitness

„Fühlen Sie sich auch oft gestresst, ausgepowert, von allen missverstanden, trauen Sie sich nichts mehr zu und fühlen Sie sich manchmal deprimiert? Sie möchten diese Situation ändern, wissen aber nicht wie? Werden Sie Ihr eigener Coach: Dieses Buch zeigt, wie Sie Probleme wegtrainieren. Ziel ist es, ein besseres Selbstbild zu bekommen, aktiv zu handeln und neue Fähigkeiten zu erlernen. Trainingsübungen helfen, Klarheit über die eigenen Wünsche zu bekommen."

Passauer Neue Presse

...bringt es auf den Punkt.

Ulrich Bien

Trainiere. Dein. Gedächtnis.

Alles im Kopf. Zahlen, Namen, Fakten. Merktechniken und viele praktische Übungen

196 Seiten, Broschur
ISBN 978-3-86910-481-2
€ 16,95

- Das Übungsbuch für ein besseres Gedächtnis
- Zahlen, Daten oder Namen mit der richtigen Merktechnik ganz einfach behalten
- Interaktiv: Viele Links, Hinweise zu Online-Übungen und Videos

„Mit neuen Lernmethoden, unterhaltsamen Informationen und zahlreichen Aufgaben bringt der Gedächtnistrainer und Experte für effektives Lernen und Arbeiten seine Leser ins Schwitzen. Durch internetbezogene Aufgaben, die man durch QR-Code oder Weblink öffnen kann, wird das Lernen abwechslungsreich und spielerisch".

Braunschweiger Zeitung

Änderungen vorbehalten.
www.humboldt.de

Tracklist der DVD

Übungen am Schreibtisch

1. Nacken lockern
2. Wechselatmung
3. Situli
4. Klopfen
5. Kontra Lampenfieber
6. Fingerübungen 1
7. Fingerübungen 2
8. Lebendige Füße
9. Kuhkopf
10. Falter
11. Kopf zur Seite
12. Schulter zum Ohr
13. Kopf-Radius
14. Augen entspannen
15. Mut und Power
16. Top-Übung und Finger halten
17. Fassen Sie sich an die Stirn

Übungen im Stehen

18. Aushängen
19. Obst pflücken
20. Schulter-Rolls
21. Windmühle
22. Swings
23. Drehen
24. Blasen

Kinesiologische Übungen

25. Käfer und Räkeln
26. Schuhplatteln und Boxen
27. Kreuz-Blicke
28. Liegende Acht – Dreieck
29. Liegende Acht – Schwert
30. Liegende Acht – Zeichnen
31. Füße halten – Ohren-Nabel
32. Craniosacral
33. Elefantenohren
34. Eustachi-Balance
35. Präsenz-Übungen

Übungen aus dem Yoga

36. Atemwelle
37. Flankenatmung
38. Rückendrehen
39. Bär
40. Berg
41. Summ-Atmung
42. Lachen
43. Handflächen
44. Expander
45. Eingerolltes Blatt & Kamel
46. Katze

Jin Shin Jyutsu

47. Jin Shin Jyutsu